敦煌究竟有多美

文文鱼 著

刘焱 杨云菲 徐雅涓 绘

DUN
HUANG

重庆出版集团 重庆出版社

图书在版编目（CIP）数据

敦煌究竟有多美 / 文文鱼, 刘焱著；杨云菲, 徐雅涓绘. -- 重庆：重庆出版社, 2024.6. -- ISBN 978-7-229-18819-1

Ⅰ. K870.6

中国国家版本馆CIP数据核字第2024E6R689号

敦煌究竟有多美
DUNHUANG JIUJING YOU DUO MEI

文文鱼 刘 焱 著
杨云菲 徐雅涓 绘

策　　划：夏　添
责任编辑：范　佳　夏　添
责任校对：刘春莉　刘　艳
装帧设计：胡靳一
翻　　译：岳珏嘉

重庆出版集团
重庆出版社 出版

重庆市南岸区南滨路162号1幢　邮政编码：400061　http://www.cqph.com
重庆新金雅迪艺术印刷有限公司印制
重庆出版集团图书发行有限公司发行
邮购电话：023-61520656
全国新华书店经销

开本：787mm×1092mm　1/16　印张：7.75　插页：8　字数：100千
2024年10月第1版　2024年10月第1次印刷
印数：1-5000
ISBN 978-7-229-18819-1
定价：89.00元

如有印装质量问题，请向本集团图书发行公司调换：023-61520678

版权所有　侵权必究

感谢你拿起我的书

缘因敦煌

刘焱还在大学读美术系时，就和敦煌结下了很深的缘分。他时常离开北京，来敦煌小住，只因为他酷爱着敦煌壁画艺术形式。我到敦煌也五十多年了，退休之前一直在敦煌研究院从事摄影工作。刘焱谦虚好学，还是位勤奋的有心人，他每次都带着敦煌艺术方面的课题来见我。我们俩自相识起就有许多共同语言，很自然地就成了无话不谈的忘年之交。

忽然一天，他发来和朋友文文鱼一起创作的《敦煌究竟有多美》电子稿，开篇一句极富诗意的"敦煌就是一个神奇的时光艺术馆"，便深深地打动了我。我认真地读完以后，意犹未尽，心里充满着惊喜。

我们知道，敦煌莫高窟是世界文化遗产，其中包含了许多可研究的课题。关于敦煌的图书品种也多如繁星，全国中小学美术教育课上，也都少不了关于敦煌壁画、敦煌雕塑、敦煌洞窟的建筑风格的课文。只可惜，大多图书都是管中窥豹略见一斑。而《敦煌究竟有多美》则给了读者一种全新的视野，从人类四大古文明的宏观角度，去观察敦煌这样的文明交汇地。让读者们可以重新认识敦煌艺术、传统文化、佛教文化艺术的传承与发展，对敦煌产生一种更为整体的认知。

细细翻看这本书稿，作者把全书分为时光之美、空间之美、艺术之美、消逝之美四个版块，清新有趣。图书内容采用的是青少年读者喜闻乐见的图文并茂样式，张张配图简洁新颖、美轮美奂，段段文字寥寥数笔、醒目易懂。此书的出版与发行，将会有助于青少年了解敦煌艺术，了解传统文化艺术的传承与发展。在这条古老的丝绸之路上，来来往往的商贾驼队，都是光阴的匆匆过客。时间沉淀下来的文明之美、文化之美、艺术之美，才是敦煌留给全人类的宝贵财富。

几十年恍然如一日，这就是我在敦煌的日子，生活简单而又多姿多彩。回想起小的时候，我们都有无数的梦想，我猜想，当孩子们捧读《敦煌究竟有多美》，展开想象力的小翅膀时，梦想就会如"飞天"一样漫天飞翔。

孙洪才（在敦煌研究院从事文物保护工作五十年，负责壁画、雕塑修复及数字摄影等工作）

2022年12月16日写于三事斋

续缘敦煌

第一次去敦煌是大二的寒假，那年的甘肃下了好大一场雪。

从兰州到敦煌，一千公里路程，作为囊中羞涩的穷书生，我只得日夜兼程地换乘各种交通工具，在下过雪的戈壁上辗转了三天三夜。到了莫高窟，极端天气逼退了所有游客，茫茫大雪之下的景区，唯我一人与莫高窟默默对视。不知是数日苦旅终于到达，还是心中一股莫名强烈的敬畏之情，在神圣而静谧得让人窒息的洞窟中，我不可自持跪地而泣起来。

十年后因为工作又赴敦煌，在研究院结识了守护敦煌四十多年的孙洪才老师。

当时正流行着梁思成、林徽因二位先生与敦煌的传奇故事，引得很多明星、富商、专家对敦煌趋之若鹜，都想通过各种门道看特窟。樊院长为此下了令，没有院长手批谁也不能随便进出特窟。我本无门道也无奢望，只要能跟在游人长队中再进那洞窟看看便好，谁想到烈日炎炎的下午孙老师打来电话："小刘，走去洞子看看。"举重若轻的一句话沁入了老一代敦煌人对待友人的真挚与侠义。我是怎么也没想到，初次见面的孙老师竟专程跑到樊院长那儿替我办理了特批的许可，还专门安排研究院的老师陪同。我怯生生地问："我们能看哪几个洞子？"研究院的老师笑着举起手里满满的两铁盘钥匙说："所有洞窟的钥匙都在这，您想看哪个都行。"敦煌又一次借了孙老师的双手向我展开了双臂，我与敦煌的不解之缘自此展开。自那以后我就经常借着工作之便跑去敦煌，到了敦煌必去孙老师家里各种叨扰。他每次都要亲自下厨，然后在这大漠孤城，一老一少夜话敦煌成了晚宴后的保留节目。他就像个照亮我心中疑惑的领路人，又像个点透我前世因缘的高僧，是孙老师带我深度领略了敦煌的一切。

一晃又近十载。近日有幸收到了文文鱼的邀约，来撰写《敦煌究竟有多美》一书的文字部分。她想做一本"最美"的敦煌童书，并特意要求我从美学角度入手。这不是一本"段子体"的敦煌故事汇，也不是纯知识性，如体检报告一般的敦煌说明书，而是一本真正能体验到敦煌之美的，从美学层面触动内心的敦煌美学启蒙书。她告诉我："就是要把最美的敦煌带给这个时代的孩子。"

作为中国美书奖和中国原创好童书大奖得主，文文鱼老师亲自率"全球弟子"一起上阵再绘敦煌，让我对这次合作充满期待，以至于对敦煌学领域诠才末学的我，也竟敢毫不迟疑地答应下来。虽是临阵磨枪，我心里却是底气十足——"搞不懂的就问孙老师"。

浩如烟海的敦煌学著作即使用尽一生也恐难读完，本书需要参考大量的资料，也都是孙老师和他的夫人一本本地甄选给我。这些敦煌守护者如数家珍般向我介绍着敦煌的文献，一摞摞冰冷的卷宗和图书，就像他们的家庭相册一样充满感情与记忆；一份份泛黄的文件和档案，是他们把整个青春和一生奉献给敦煌的证据。正是被他们那种真挚与热爱深深触动，我才下定决心，要为孩子们展现出一个有温度有深情的敦煌。

于此稿成文之际，特此鸣谢孙洪才老师及其家人，为我们这些敦煌的朝圣者打开敦煌之门、莫高之窗。

刘 焱

2022 年 12 月 16 日于北京

此生必到是敦煌

在小学历史书上，我第一次看到了中国三大石窟——敦煌莫高窟、云冈石窟和龙门石窟。于我来讲，那是背得滚瓜烂熟的知识考点，那时我常常历史拿满分，却从来没想过要去敦煌一探究竟。后来，为了装饰家里的衣柜门，我突发奇想临摹了两张超大的、左右对称的仙女剪影，对贴在两扇柜门上。那时我只知道这仙女图来自敦煌叫做"飞天"，仅仅是觉得她灵动的姿态很好看，修长的身形也异常符合衣柜门的尺寸，一个漂亮的装饰图案，仅此而已。

大学毕业后，有次和朋友闲聊，她兴致勃勃地分享旅行见闻，给我讲起了敦煌莫高窟。她眼里闪烁的光，把我对曾经的历史考点和衣柜门上的印记，统统带了出来。我才发现这些年，竟然忘记了敦煌的存在。敦煌到底有什么，它到底迷人在哪儿？于是我阅读了很多关于敦煌的书，看了很多敦煌的纪录片，还听了刘焱老师关于敦煌的系列直播……内心的向往越发强烈，终于找到个天时地利人和的机会，踏上了西行的道路。

我不想在这里赘述到达莫高窟时的感叹和惊艳，如果不是摄人心魄，便只不过是又一次常规的旅行，那就更不会有后话了。记得游览过莫高窟，我在敦煌书店里一本本翻阅那些书籍画册，期望能从中找出一本为孩子们介绍敦煌的书——可以让他们在小时候，在敦煌莫高窟还只是个历史考点，在飞天只是好看的装饰图案的时候，就能领略敦煌究竟有多美的书。而不是像我，不以为然了这么多年，才恍然大悟。可是，书店中根本找不到这样的书籍，哪怕再精美再贵重的图书，都无法弥补童年与敦煌一次次错过的遗憾。我心想，那就为孩子们写一本这样的书吧！

在从敦煌返渝的途中，我便联系了同样对敦煌情深意切的刘焱老师。两个从未谋面的人，却因为敦煌莫高窟一拍即合，由此开始"密谋"一场惊心动魄的创作。接下来，我找到了两位跟随我十年的徒儿——刚考入意大利热那亚美术学院插画专业的杨云菲和中国美术学院建筑系的徐雅涓，一起创作本书的插画。还联系了我获奖书的装帧设计者胡靳一先生，早早便定下了这本书的设计档期。北京—浙江—重庆—意大利热那亚，像是连成了一条属于我们的丝绸之路。

可是，创作哪有那么简单呢，尤其是创作这样一本几乎代表了全人类文化艺术绝响的书籍。刘焱老师说："我希望这本书是独特的，是我们看到敦煌的最美的感受。"表现庄严的佛像容易，表现美妙的飞天也容易，可表现"感受"……我越发如履薄冰。

因为如果只是临摹，美则美矣，毫无新意；如果随意创新，又可能失了敬意。我如惊弓之鸟一般，在近三年的时间中，阅读整理了大量的敦煌资料，无数次毙稿重来。无论文字、插画、装帧，我都琢磨了无数遍，可说是用尽了"洪荒之力"。可是，我们的这点用心，在敦煌面前，又是多么地微不足道啊。我深知，无论如何我们都无法写尽、画尽它的美。所以，如果在这本书中，你能感受到一点美，那么这本书，就有了意义，我们的努力，也都有了意义。

敦煌不是必背的历史考点，
不是好看的装饰图案，
不是朋友的旅途见闻。
而是，
你一生一定要去朝圣的美的殿堂。

文文鱼
2022 年 12 月 16 日于重庆

目录

缘因敦煌
续缘敦煌
此生必到是敦煌

时光之美
Time-Bred Beauties

1　时光艺术馆　4
2　敦煌的序幕　12

空间之美
Grandeur of Space

1　世界的边缘　26
2　前所未有的混合艺术　28
3　大国的决定　34

艺术之美
Beauty of Art

1　建筑之美——大国的文化自信　44
2　雕塑之美——大力量和小气韵　69
3　壁画之美——绚丽的时光缎带　78

消逝之美
Vanishing Marvels

1　最早的佛经　98
2　震惊世界的藏经洞　100
3　藏经洞里的宝藏和谜团　103
4　吾国之伤心史　107
5　美的消逝　110

时光之美

Time-Bred Beauties

时光艺术馆
Art Museum of Time

敦煌的序幕
Genesis of Dunhuang Art

1 时光艺术馆 Art Museum of Time

2 敦煌的序幕 Genesis of Dunhuang Art

敦煌就是一个神奇的时光艺术馆。莫高窟的洞窟里,画满了一千年来在这里生活的少数民族,以及各路神仙瑞兽。这里记录了各种文化在各种时期不同的样子。当然,还有那条古代联结东西方文明的纽带——『丝绸之路』。

1

时光艺术馆
Art Museum of Time

How many years the earth was born?

DISCOVER THE SPLENDORS OF DUNHUANG

{ 你知道
地球诞生了
多少年吗? }

你知道地球诞生了多少年吗？

地球诞生了约46亿年，人类诞生了几百万年，一个人的正常寿命约100年。当我们来到这个世界时，世界已经发生了很多的改变。我们今天看到的世界和爸爸妈妈、爷爷奶奶小时候看到的世界，完全不一样。

200年前，小男孩们都会有一条长长的辫子，前额也被刮得光光的，远远看上去就像一个大写的英文字母Q。

400年前，小男孩们会把头发扎成一个球顶在头顶，远远看上去整个头像一个小葫芦。如果放到现在，有人会觉得很酷，也有人觉得很好笑。

Besides cool and funny haircuts, is there anything else special in ancient times?

{ 那么，在更久远的时代，
人们除了又酷又好笑的发型，
还有什么特别的事情吗？ }

那么，在更久远的时代，人们除了又酷又好笑的发型，还有什么特别的事情吗？

来，让我们首先去一个地方：

在西班牙一个洞穴的墙壁上，记录着原始人的生活。这就是**人类的第一幅绘画，至今一万多年了。** 人类好像自古以来就喜欢在墙上画画。不过，原始人只会用粗笨的方法画一些动物，后来他们掌握了更多的技能，不断地创造、探险、摸索、演进。他们进化成了不同的种族，创造了自己的文字、宗教，**在世界各地创造了各种奇迹：**

西班牙阿尔塔米拉山洞壁画
野牛　距今15000年—12000年

埃及的金字塔、狮身人面像
爱琴海的神庙
罗马的斗兽场
印度的桑奇大塔
中国的长城、兵马俑
……

三大文化与中国文化在敦煌交汇

在人类的创造中，有四种文化对我们今天影响最为深刻，那就是**希腊文化、印度文化、伊斯兰文化、中国文化。** 分散的文化在一片沙漠中交汇在一起，并融合成新的样子。就好比你和朋友交换了外套，并假装交换了身份住到对方家里一样。这片**融合了各种文化**的沙漠，就叫**敦煌**。它像一个神奇大衣橱一样，装满了1650年来，在这里住过的每一个孩子的衣服：无论是中国的，希腊的还是印度的。

杂技、乌获、百戏与胡人倒立
仿莫高窟西魏第 249 窟绘制

世界上历史悠久，地域广阔，自成体系，影响深远的文化体系只有四个：中国，印度，希腊，伊斯兰，再没有第五个，而这四个文化体系汇流的地方只有一个，就是中国的敦煌和新疆地区，再没有第二个。

——季羡林谈敦煌

敦煌就是一个神奇的**时光艺术馆。**

莫高窟的洞窟里，画满了一千年来在这里生活的少数民族，以及各路神仙瑞兽。这里记录了各种文化在不同时期不同的样子。 当然，还有那条**古代联结东西方文明的纽带——"丝绸之路"。** 这条丝路的繁荣与兴衰，和那些过往商客在丝路上的各种历险故事，也都被这个洞窟记录了下来。

各个时期的壁画风格概述

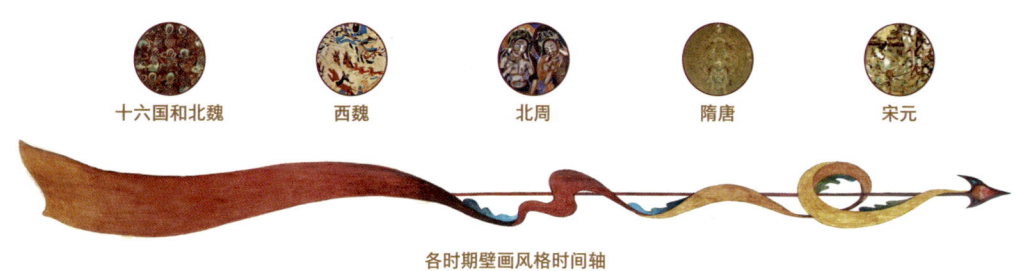

十六国和北魏　西魏　北周　隋唐　宋元

各时期壁画风格时间轴

十六国和北魏：
约公元 366 年—534 年

大量壁画都是用赭红色铺衬底，色彩浓烈，动态夸张，线条遒劲，并特别注重晕染，明显带有印度及西域的绘画风格。

听法菩萨　十六国和北魏风格　仿莫高窟第 272 窟绘制

西魏:
约公元 535 年—556 年

白色铺底较多,线条遒劲,色彩明快,秀骨清像,传统画风在敦煌佛教艺术中已得到进一步发展。

狩猎图　西魏风格　仿莫高窟第 249 窟绘制

北周:
约公元 557 年—581 年

中原佛教逐渐成熟,并向周边传播。大型本生故事画及佛法故事连环画较多,白壁为底,线描流畅,造型生动,色彩清淡雅丽,肌肤略作立体晕染,尚存西域绘画遗风,但整体风格已是汉族传统绘画面貌了。

供养菩萨　北周风格　仿莫高窟第 428 窟绘制

隋唐：
约公元 581 年—907 年

这个时期题材非常多，大致可归纳为：净土变相，经变故事画，佛、菩萨、供养人像等等。佛、菩萨等造像比前代更加多样化了，出现了多种坐、立、行走、飞翔中的生动姿态，画面精妙、优美，栩栩如生，这是敦煌壁画的鼎盛时期。

反弹琵琶　隋唐风格　仿莫高窟第 112 窟绘制

宋元：
公元 960 年—1368 年

北宋洞窟多以前代洞窟改建而成，宋代壁画之下往往覆盖有唐代或北魏壁画，前代洞窟的门口两侧往往有五代、北宋加绘的供养人，供养人尺寸极大，像真人一样甚至超过真人。元朝以后，敦煌就停止开窟。

千手观音　宋元风格　仿莫高窟第 3 窟绘制

2
敦煌的序幕
Genesis of Dunhuang Art

DISCOVER THE SPLENDORS OF DUNHUANG

How did Dunhuang begin?

{ 敦煌究竟是怎样拉开序幕的? }

胡商遇盗　仿莫高窟盛唐第 45 窟绘制

敦煌究竟是怎样拉开序幕的？这要从丝绸之路上，过往商客的处境有多危险讲起。无论多强壮的汉子，多庞大的驼队，都可能**被一场沙尘暴淹没。**如果不能**齐心协力走出困境**，那么每个人的生命都将以争夺食物和水来终结。可是，怎样做才是公平和正义的，怎样去取舍才能自救甚至帮助更多的人？人们找寻着答案，同时也渴望着**智慧的指引。**

自然环境还是其次，生活在这里的人们还要经历更多的遭遇。这条通道渐渐形成了足够的贸易规模，这意味着管理这里的人可以得到巨额的税收。

西面的大帝国、
北面的游牧民族、
南面的少数民族、
都对这条通道虎视眈眈，
争夺和讨伐的拉锯战
时有发生。

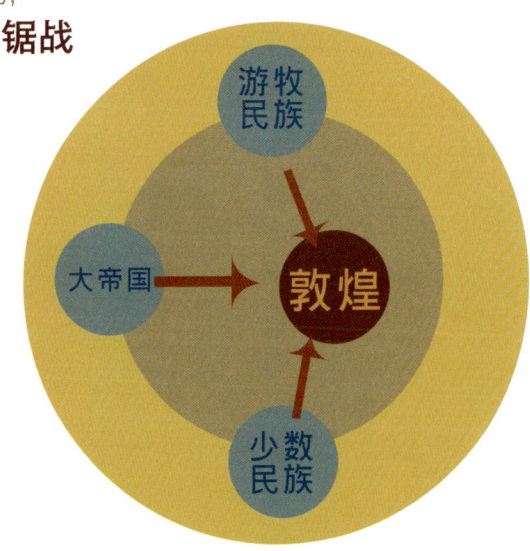

地理决定命运，敦煌作为多元文化的对冲之地成就了独特的敦煌文化现象，也造成了被虎视眈眈的格局

战争频发

在那样一个时代，一群蒙面大盗或者穿着各种奇怪盔甲的士兵，随时有可能冲进你家，抢走所有的食物和财产，甚至把你抓走去当奴隶。像你现在这样，坐在家里看看书，在那时都是种幸福的奢望。可想而知，这里的居民过着怎样的生活。

在当时，人们心里有**两个非常重要的期待**：
第一，有一位无畏的勇士帮助他们脱离恐惧和苦难。
第二，万一没看到明早的太阳，死后能去一个安稳的地方。

不久，一群衣衫褴褛的外国僧侣，
跟随着商队来到敦煌。商队的头人，虔诚地跪拜这些僧人，并拿出很多钱财供养他们。奇怪的是，这些僧侣得到钱后，并没换身新衣服，尽管他们的衣服已经破得像一张填满碎布的渔网。他们不畏惧生死穿越茫茫戈壁，却并不是为了黄金和丝绸。

他们是多么地神秘！

What were they there for?

{ 他们是来干什么的? }

仿莫高窟藏经阁唐代行脚僧图

僧人们会在敦煌短暂地休整，然后向着长安的方向继续前行。原来，他们的使命是**将佛教带到中国这片土地**。很快，他们的努力受到了统治阶级的重视。**东汉永平七年**（公元64年），当时的皇帝**明帝**听说西方有一位非常厉害的神明可以护佑苍生，便亲自派遣使团赴**天竺求法**，还为当时从西域请回的经书和高僧修建了宏伟的居所——**中国第一座寺院：洛阳白马寺**。

随后，在这条通往西域的商路上，僧人便多了起来。

TIME-BRED BEAUTIES

Who dug the first cave in Dunhuang?

{ 是谁在敦煌开凿了第一个洞窟？ }

仿莫高窟唐朝飞天图

在白马寺建成**298年后**（公元366年），一位名叫**乐遵**的汉族高僧，跟着商队一路云游而来。

他们经过被祁连山的雪水滋润了的土地，看到人们修渠筑池；经过大路边的树木和农田，看到迷人的葡萄和甜瓜，还有棉花；经过瓜州后再向西，他们只看到**荒凉的戈壁**。

太阳炙烤着大地，地表全是碎石。在没有大树的戈壁上行走，就像脚踩在烧热的铁板上一样，一不小心就会**皮开肉绽**。就连远处的山也被晒得像焦炭一样。这是多么地艰难啊。可是，这比起**要人命的沙尘暴**，已经很温柔了。

乐遵师父跟着队伍走了两天，快到**沙州**城（今敦煌）了。这时，他忽然发现，有些商队离开了行进的队伍向南走了。远远望去，南方有一座巨大的山峰，它像一条搁浅在沙滩上的鲸鱼侧躺在大漠中。

原来，是因为"水"！ 在山峰的一侧，有一条河流冲击而成的巨大峡谷，谷底的河水甘甜清澈，峡谷内清凉温润。不少小商队绕道来到这里，躲过正午的日头，等到黄昏再继续前行，天黑后不久就能进城。

乐遵师父用祁连山上流下的雪水洗了脸，取来饮水的滤网喝了一小口，甘甜清冽，随着水流飘来徐徐凉风，让人忘记了之前戈壁滩上的炙烤。

仿莫高窟唐朝飞天图

他盘腿而坐沉浸在清凉的微风中。忽然，法师发现，对面的山峦被金光包裹着，仿佛有千佛从金光中降下，千万身佛菩萨的神像化作金色光芒围山而立，"壮哉！圣哉！"法师喃喃自语着。

停留在此的商队慢慢散去。乐遵法师却留了下来。他似乎知道了自己的**使命**，是**千佛召唤他来此地修行**。

他渡过峡谷的小河，发现这里的石壁并不坚硬，一些不大的卵石夹杂在河沙一样松软的土层，随便一挖便坍塌出一个小洞来。随后，**他在这里开凿了第一座石窟，**并请工匠在墙上绘制了佛像和一些装饰花纹。他自己也开始在洞窟中禅修打坐。此后乐遵和尚的故事在商队间流传，越来越多的僧侣以及商旅都要顺路来朝拜供养。更多的僧侣也效仿乐遵和尚的方式建立自己的修行洞窟，**一场延续千年的开窟造像运动，就此拉开了序幕。**

从第一个石窟，到700多个石窟，**从东晋十六国到元朝，**前后延续约1000年。敦煌莫高窟经历了**多个朝代**的历史更迭，形成了**世界上绝无仅有的石窟艺术宝库。**

敦煌莫高窟既是中国古代文明的一个璀璨的艺术宝库，也是古代丝绸之路上曾经发生过的不同文明之间对话和交流的重要见证。

莫高窟、西千佛洞、安西的榆林窟合称**敦煌石窟**。敦煌石窟与山西大同云冈石窟、河南洛阳龙门石窟并称**中国三大石窟**。

1961年国务院公布莫高窟、榆林窟为全国重点文物保护单位。

1987年，莫高窟作为文化遗产被列入《世界遗产名录》。

当然，乐遵法师开窟造像并不是自己的创意，在**佛教诞生之地——印度**，僧侣们为了躲避酷暑，一直就**在洞穴中修行**。这样的方式被带到了敦煌，因此早期洞窟中的建筑、雕刻和壁画，都带有浓郁的**印度风情**。

仿莫高窟全景图

苦盏

疏勒

葱岭

罗马

空间之美

Grandeur of Space

世界的边缘
Edge of the World

前所未有的混合艺术
Unprecedented Mingled Art Styles

大国的决定
Decision of the Great Power

陕西

长安

敦煌

酒泉

于阗

1 世界的边缘 Edge of the World

2 前所未有的混合艺术 Unprecedented Mingled Art Styles

3 大国的决定 Decision of the Great Power

这是一条由大大小小的国家间无数个市场，无数的中间商，无数的牛车、骆驼、驴子形成的绵延千年的商道——『丝绸之路』。而这条贸易通道，当时进出中国的口岸就是敦煌。

1
世界的边缘
Edge of the World

Do you know who China's neighbors were?

你知道
中国的邻居
是谁吗?

亚历山大出征图

你知道中国的邻居是谁吗？顶着罐子的印度人；留着卷胡子跳蹬腿舞的俄国人；用头顶甩绳子的朝鲜人；还有穿和服的日本人……他们都是我们的邻居。可是你知道吗，像阿波罗神像那样帅气地披着袍子的**希腊人**，曾经也是我们的邻居。

让我们打开世界地图，从中国西部边界开始向西眺望，有一片平坦而开阔的土地，直到里海。虽然被中间的高原山脉——**葱岭**（帕米尔高原）阻隔，但比起周围险要的群山，还是要好对付得多。只要翻过葱岭，**希腊文化、伊斯兰文化、印度文化、中国文化**就可以相遇了。这片平原现在叫**塔吉克斯坦**。塔吉克斯坦的边缘，山势趋缓，河流出谷，曾居住着很多流放和逃亡而来的希腊人，他们让这片荒凉之地繁荣起来。

公元前233年，一个希腊化的独立王国——**巴特克里特亚**建立了。

巴特克里特亚的首都叫**苦盏**，是亚历山大的东征大军在这里修建的八座希腊化城市之一，位于最东侧，靠近葱岭。今天，它依然是塔吉克斯坦的第二大城市。苦盏这个名字听上去太奇怪了，在古希腊语里，它的字面意思是"绝域亚历山大"。很明显，"绝域"两个字说明：无论是希腊人还是罗马人，都认为这里就是**世界的边缘**。

2
前所未有的混合艺术
Unprecedented Mingled Art Styles

Did India and Greece people start making Buddha statues together?

印度和希腊
就开始一起造佛像了吗?

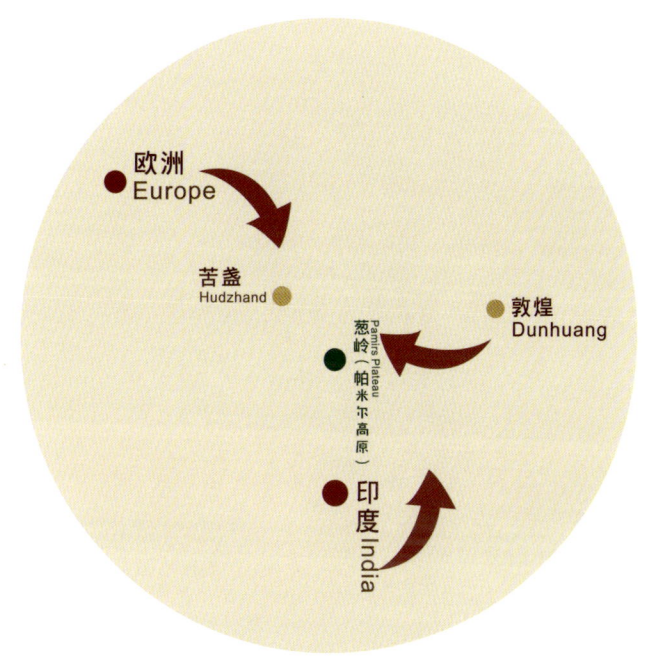

苦盏的地理位置示意图

苦盏的地理位置也很有趣，除了位于**葱岭的西侧**，还地处**印度北部**。因此，古**印度**的释迦牟尼创建的佛教，慢慢传到了苦盏。而**希腊**的苏格拉底式的哲学辩论，也由苦盏的希腊国王，引入与印度高僧的辩论中。在今天，中国西藏的寺院中依然可以看到这种哲学化的辩论。

这位苦盏的希腊国王，叫做**米南德一世**，约公元前155年至前130年，他成为世界上第一个**信奉佛教的希腊血统的国王**。这个国家被西方史学家称为**印度希腊王国**，这种**思想上深度的融合**对佛教艺术造成了深远的影响，也让世界艺术有了翻天覆地的变化。

那时的很多宗教是不设圣像的。教徒们认为，并不是非要把信仰做成绘画或者雕塑让人膜拜，才叫虔诚。

佛陀身后的希腊风格雕塑

佛陀的弟子们也认为，佛陀是他们尊贵的老师，他的人格、德行、智慧是至高无上的，常人不能臆测，所以**不能以凡人的形象来展现他**。因此，早期佛教并没有在寺院中造像的传统。

但是现在，这个皈依佛教的国王是**希腊人**，在他的老家漫山遍野都是**各种神庙**，神庙里站着躺着**各种神像**。可想而知，对于已经锤炼了一身雕塑本领的希腊人来说，一定会用自己最精湛的手艺来表达虔诚的信仰。就像你给一位导演讲了一个惊心动魄的故事，他一定迫不及待地想要拍成电影一样。

很快，大量**希腊风格的佛教雕塑**出现了。除了发式有些特殊，几乎和希腊神像中的阿波罗没什么区别：**帅气的面容、飘逸的长袍**。更有趣的是，希腊的众神也经常跑到佛像旁边来凑热闹。比如拿着大棒子的半神人赫利克勒斯，在佛陀的身后成了护法。这些希腊雕塑家常常脑洞大开。后来，印度人也和他们一起，在**犍陀罗**地区附近，建立起一种**具有希腊风格的印度古代艺术**。

That's so interesting, Anything else special?

太有趣了，
还有什么特别
的事情吗？

当然，文化艺术的融合不止于此。

距离苦盏城西南236千米，还有一个叫**撒马尔罕**的城邦。这个城市也是巴特克里特亚八座希腊化城邦之一。

公元550年—577年（北齐），这里被称为**曹国**。国中有个叫**曹仲达**的人，官至丞相，他从小接受了希腊美学的良好教育，并对佛教雕塑绘画非常精通。他所画的佛像在中原人眼中笔法刚劲稠叠，人物衣衫紧贴身上，犹如刚从水中出来一般，后来被人称为**曹衣出水**，是中国古代人物画中衣服褶纹的独特表现方式。这种样式的佛像也被称为"**曹家样**"。这种典型的希腊式风格在今天中国的各个重要石窟中都能见到。

希腊人根据阿波罗和狄奥尼索斯的形象，创造了佛陀与菩萨的典型样式，但是在造型和装饰的技法里注入了鲜明的东方风格。**东、西方**两种同样悠久、丰富而精美的元素，汇聚在犍陀罗，形成了一种**前所未有的混合艺术**，这便是**犍陀罗佛教艺术**。在敦煌早期的洞窟中，便有很多带有明显犍陀罗风格的彩塑。

此后，希腊先民笃信佛教。为了"**弘法**"和"**求法**"，佛教的绘画和艺术也跟随佛教一起向葱岭以东地区传播，很快便兴盛起来。

在丝路还被匈奴人控制的时期，商业的互动几乎是不可能的。但僧人的足迹显然早于商队，匈奴人似乎并不会迫害或抢劫这些舍生忘死的僧人。

公元前1世纪，佛教经克什米尔首先传入新疆于阗（今和田地区）。不久，又经中亚传入疏勒（今喀什地区）。

它们与**敦煌**，已近在咫尺。

仿莫高窟北凉第 275 窟绘制
这是莫高窟现存时代最早的石窟之一，它的正面是一尊交脚弥勒菩萨像，高达 3 米，在早期石窟中称得上是大型彩塑了，是典型的犍陀罗风格

3
大国的决定
Decision of the Great Power

What lucrative trade did the Great Yueh-chi did?

{ 大月氏
究竟做了什么
赚钱的贸易？ }

DISCOVER THE SPLENDORS OF DUNHUANG

仿张骞出使西域雕塑（局部）绘制

此时，遥远的东方一个盛产美丽丝绸的大国正在崛起——**古代中国**。

汉朝之后，居住在葱岭中的小部落也纷纷来到中国，用自己山区的物产去交换这个强大国家的丰富物品。距离这些小部落最近的中国城市就是**敦煌**。

而北方游牧民族（匈奴人）的日子就不太好过。他们在水草丰盛的日子里以畜牧为主，以牛羊为食，可一旦遇到雪灾或干旱，新草不能长出，牛羊就大规模饿死。他们只能骑上马背挥舞着大刀，向葱岭地区的小部落国家烧杀抢掠，甚至踏上中国的土地。公元前2世纪以前，我国西北部的**大月氏部落**，就被匈奴人侵占，余下的大月氏人被迫向西逃窜。他们越过葱岭，融入了巴特克里特亚王国，并建立了**多民族融合的贵霜帝国**。

公元前138年，汉武帝派**张骞出使西域**，希望联合大月氏部落一起攻打匈奴人。可是，此时大月氏以葱岭作为屏障，几乎不再受到匈奴的威胁。同时，他们在贸易中获得巨大财富，早已没有了战争的兴趣。

大月氏究竟做了什么赚钱的贸易呢？这不得不提到罗马皇帝。

凯撒大帝正穿着**丝绸**制的紫色长袍，那如花瓣一样优雅的色彩，像羽毛一样轻柔的质感，迷倒了贵族们，整个罗马都惊呆了。此后，罗马的上流社会每年至少花费一个亿的赛斯特金币，购买来自东方的奢侈品。当然，凯撒这次成功的现场带货，并不是为了繁荣经济。这些美丽的丝绸穿在罗马贵妇身上之前，却在帕提亚人的军队上空飘荡。

帕提亚人一直是罗马人的死敌。他们用金色的丝线**在中国的丝绸上绣出了威武的图腾，像飞舞在空中的巨龙。**在刺眼的阳光下，巨大的军旗威震四方，战无不胜的罗马军团就这样被降服了。

于是，罗马人将这种来自**东方神秘古国的丝绸**，渲染上了更多的魔幻色彩。他们认为这些丝绸具有神力，士兵甚至在战场中捡回这些战旗的碎片，包裹自己的护身符以求护佑。罗马人隔着帕提亚人建立的庞大帝国向东眺望，想象着那个**神话般的丝国（中国）**。他们对丝绸的需求不断增加，他们的金币也源源不断流入大月氏人手里。凭借着这些金币，大月氏人促成了**贵霜帝国的崛起。**

大月氏人真是太富有了，当然不愿意打仗了！

Does that mean Zhang Qian didn't accomplish his mission?

这么说来张骞没能完成出使的目标吗?

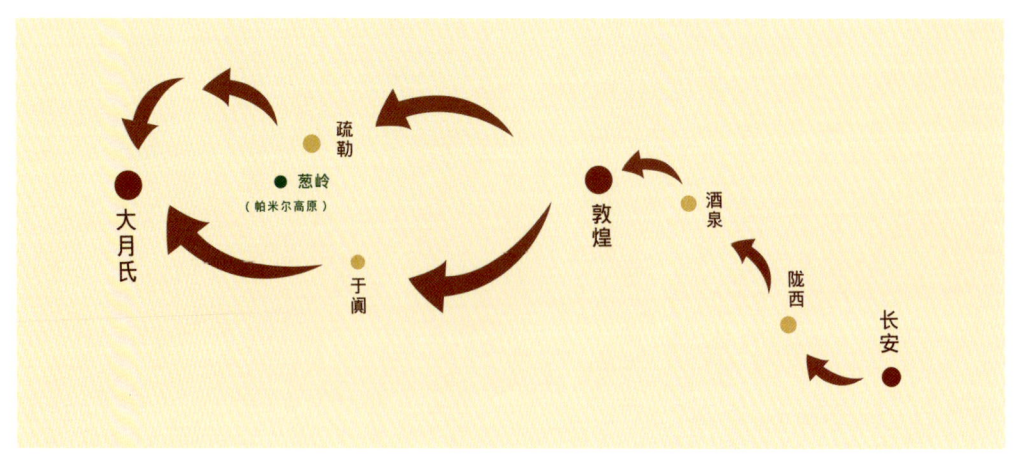

"丝绸之路"路线图示

这么说来张骞没能完成出使的目标吗？他确实没有完成出使的目标，不过，他的这趟行程还有意外的收获。

当他翻越葱岭到达**苦盏**时，被眼前的一切惊呆了：这里的市场堆满了东西方的各种货物，包括中国四川产的蜀布和西昌邛杖。但当地人却说这些货物是从身毒国（印度）进口的，**可见当时商路不通**，货物要走海运绕道印度才能到巴克特里亚的各大市场，再从这里向西进入罗马。这也太不科学了，难道没有更好的办法？

公元前126年，张骞回到长安，向汉武帝描述了这座连接东西的贸易之城，**汉武帝**立刻做出了"凡地域我汉朝威力所能及之处，皆可通商！"的举措。

他凝视着张骞从西域带回的资料，重新绘制西域地图。经过多年的准备，几乎耗尽了大汉朝立国后的全部家底，终于赶走了匈奴人，**凿穿了西域之路**。

从此，商人们可以轻松地往来于西域的两端，来自中国的货物再也不用绕行。

这一条由大大小小的国家间无数个市场，无数的中间商，无数的牛车、骆驼、驴子形成的绵延千年的商道——"**丝绸之路**"，就此畅通了。而这条贸易通道，当时进出中国的口岸，就是**敦煌**。无论向东还是向西，僧人、商人和旅客们，都要在敦煌交集，文化和艺术，也不例外。

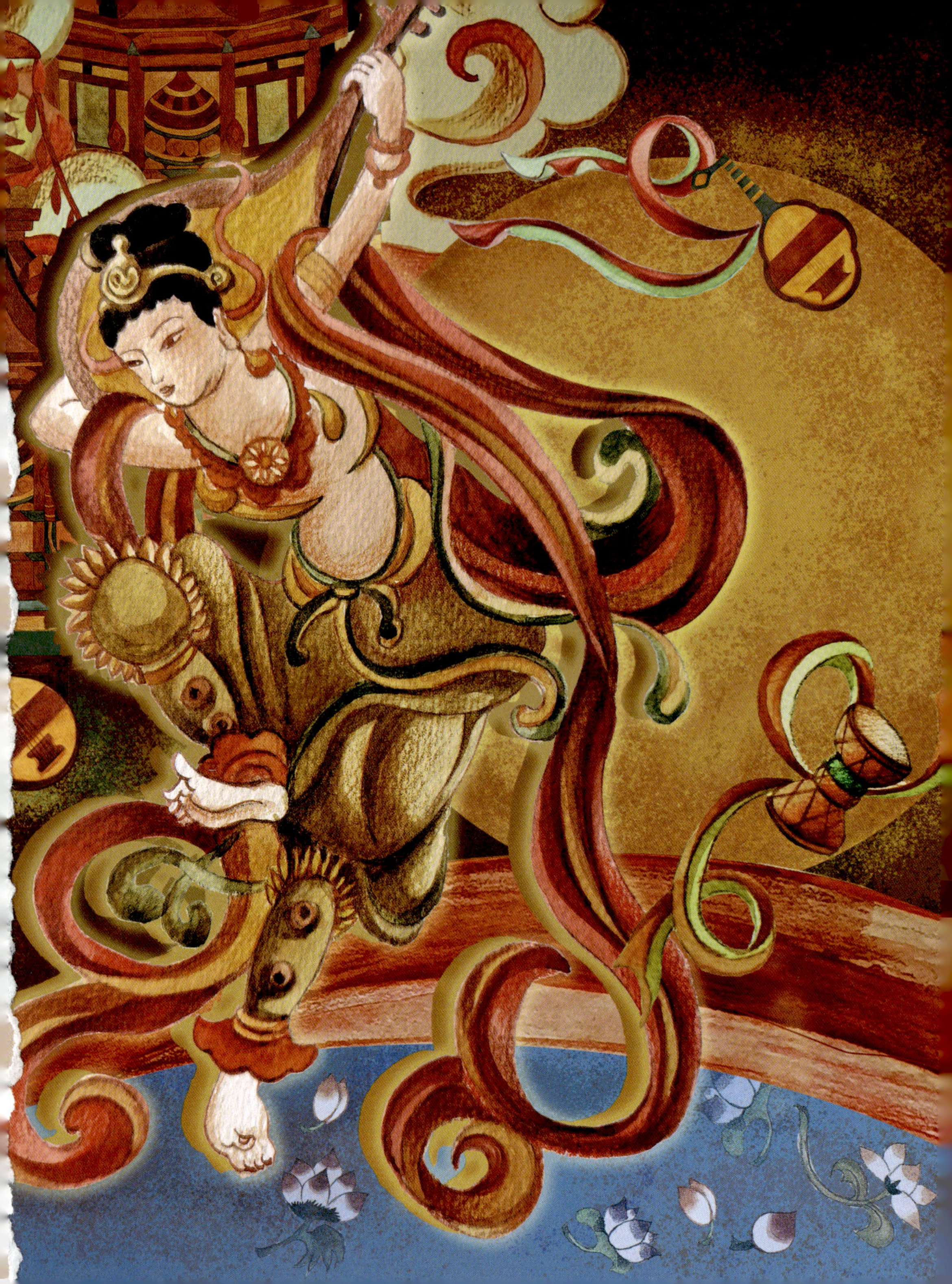

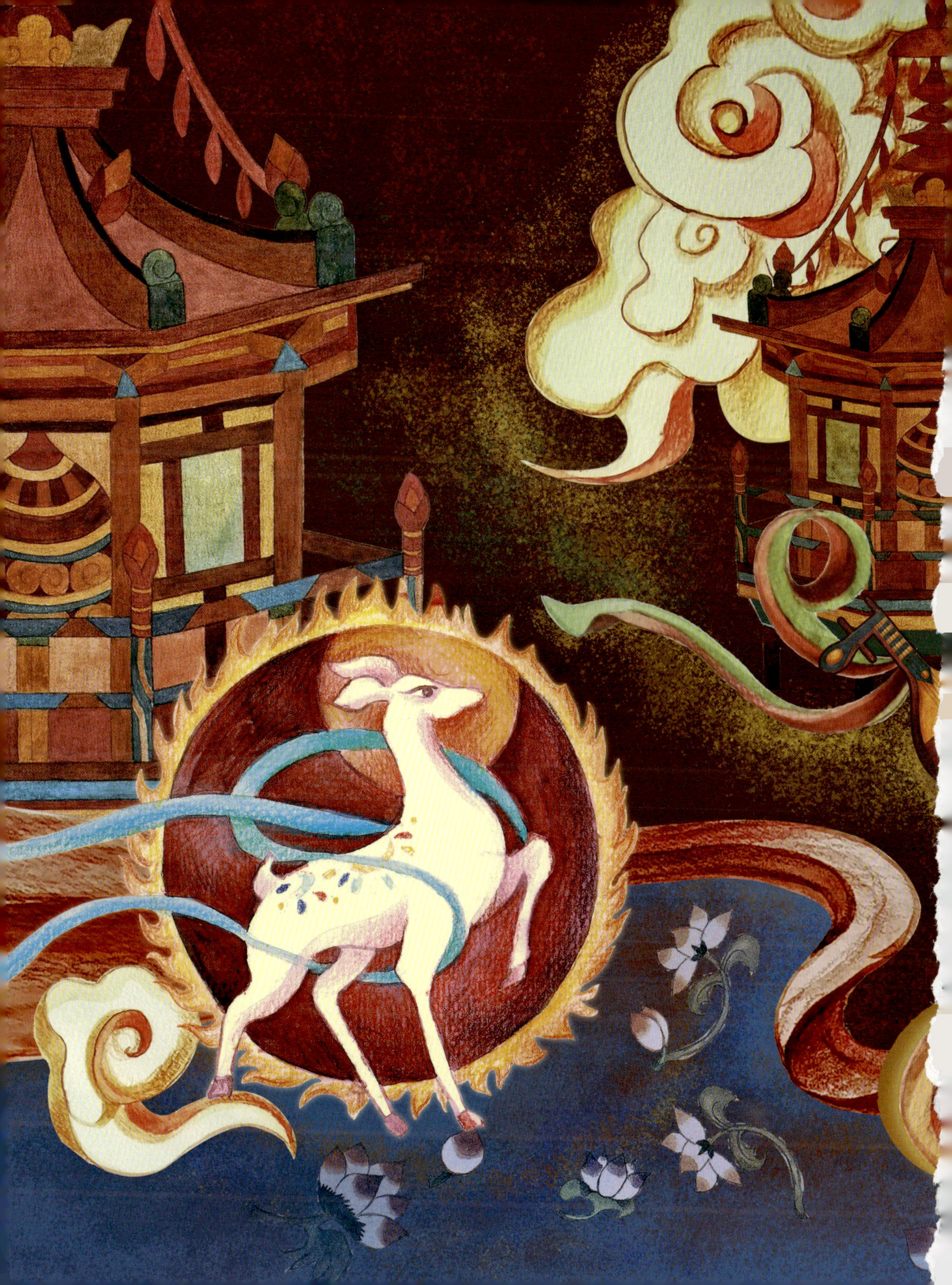

艺术之美

Beauty of Art

建筑之美
——大国的文化自信
Aesthetic of the Architecture –Cultural Confidence of the Great Power

雕塑之美
——大力量和小气韵
Charm of the Sculptures –Combination of Stateliness and Exquisiteness

壁画之美
——绚丽的时光缎带
Glamor of the Murals –Splendid Ribbons of Time

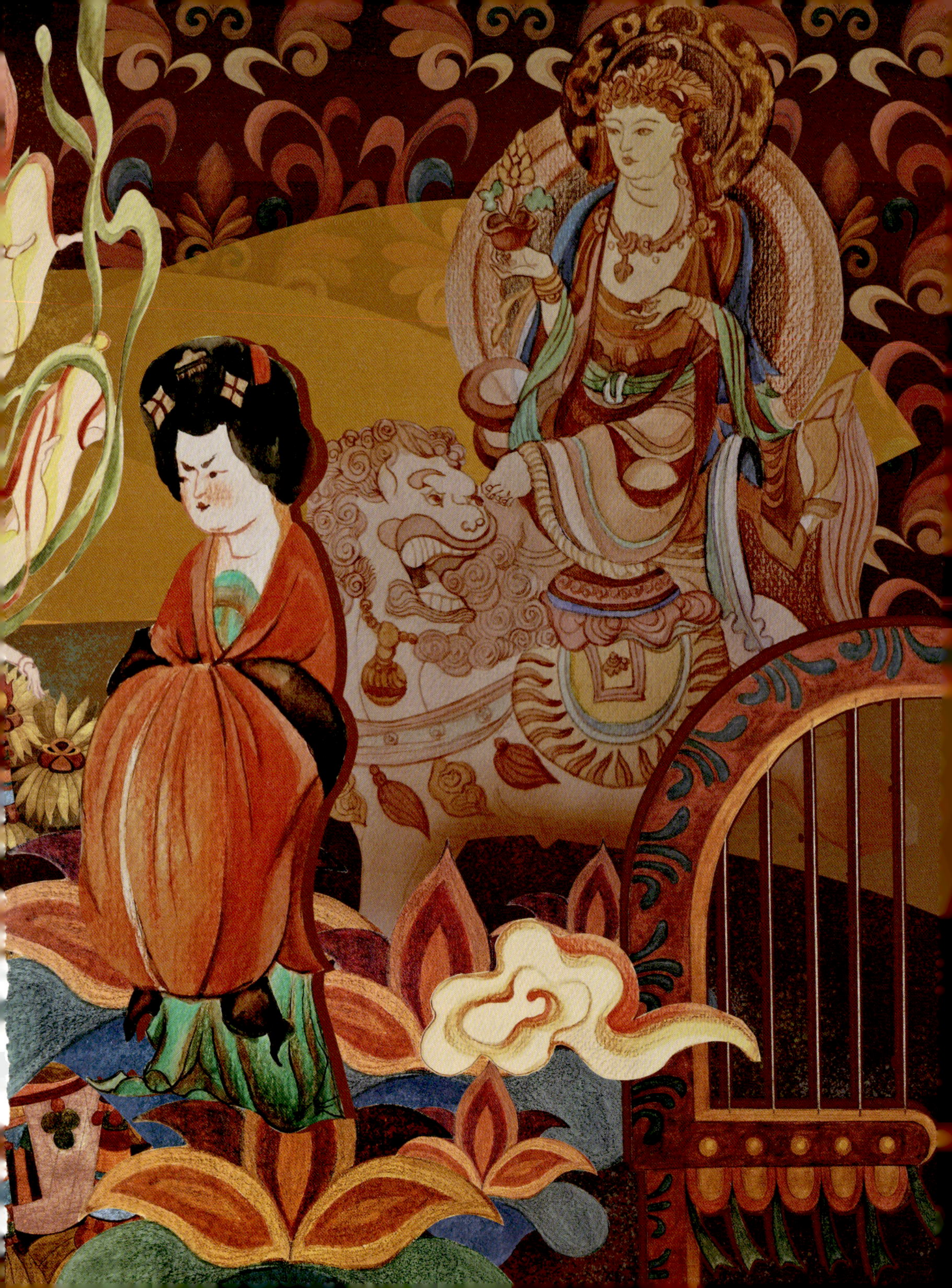

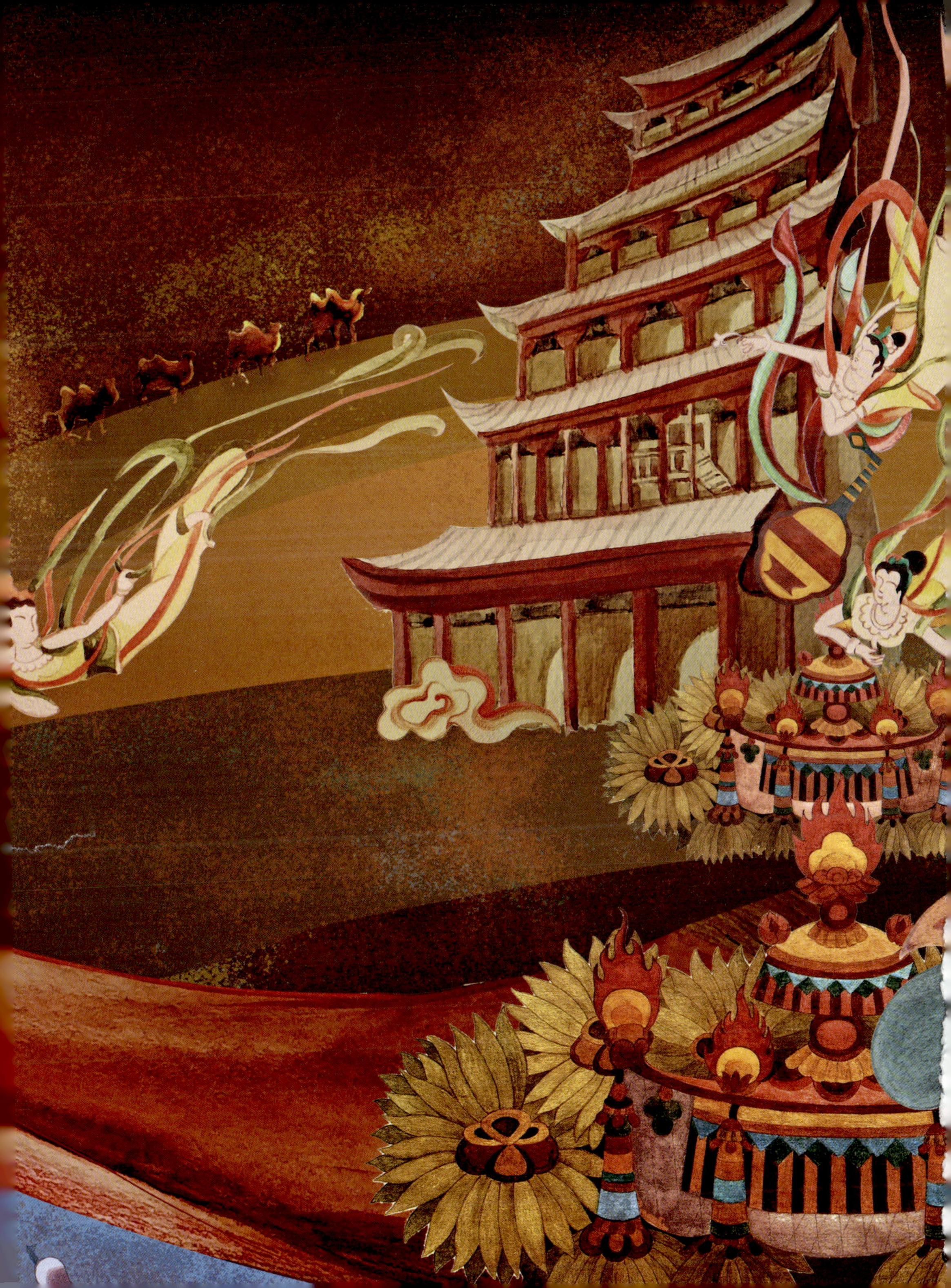

文化自信不是唯我独尊的排斥与对抗，不是狭隘的回避与故步自封，而是一种积极的与一切优秀民族艺术交流融合的大国胸怀。中国展示了一个文化上高度自信的民族该有的样子，为佛教艺术的传播书写了浓浓的中国笔墨。

1 建筑之美
大国的文化自信
Aesthetic of the Architecture
Cultural Confidence of the Great Power

2 雕塑之美
大力量和小气韵
Charm of the Sculptures
Combination of Stateliness and Exquisiteness

3 壁画之美
绚丽的时光缎带
Glamor of the Murals
Splendid Ribbons of Time

1
建筑之美
大国的文化自信
Aesthetic of the Architecture
Cultural Confidence of the Great Power

Why are the caves all rounded at the top?

{ 为什么这些洞窟的顶部都是呈圆弧状呢? }

敦煌石窟是**建筑、雕塑、壁画三者结合的立体艺术**。仅莫高窟，现有洞窟735个，唐宋木构窟檐5座，彩塑2400余尊，保存壁画4.5万多平方米，再加上西千佛洞、安西的榆林窟，数量更甚。它是中国石窟艺术发展演变的一个缩影，在石窟艺术中享有崇高的历史地位。

印度早期弧顶佛窟和廊柱图示

佛教起源于**炎热的印度**。为了有个清凉的地方学习佛法，僧人便在山上的石洞中开凿一些**孔洞**。因为这样的孔洞不仅空间更大，还更稳定和长久，更符合**力学原理**。有些僧人还模仿地面建筑的样子，凿出**巨大华丽的石柱**，这些装饰用的柱子还能形成**柱廊**。

这种弧顶大厅的样式，很快就由信奉佛教的大月氏人，沿着丝绸之路传播到了敦煌地区。那些路过敦煌的旅人和商队，纷纷**集资建设洞窟**。在这漫漫荒漠中，在这九死一生的旅程的起点，能修建一座寺院般的洞窟，能受到诸佛菩萨的保护，便是他们最朴素的愿望。因此，莫高窟早期洞窟中的建筑、雕刻和壁画，都带有浓郁的**印度风情**。

然而，作为僧人闭关修行的石窟到达西域后，遇到了**新的问题**：在印度，这些石窟是修建在森林环抱的巨石山中，非常坚固。而敦煌却是以荒漠为主，大部分山体由松散的砂砾岩构成，虽然很好开凿，

中心塔柱图示

但是易松动不稳固，特别是在挖掘较大的中空空间时就很容易坍塌。

那怎么办呢？ 洞窟设计师们在漫长的实验中绞尽脑汁，终于创建了**中心塔窟**。

简单地说，就是在**拱形洞窟的中间，建一座作为支柱的佛塔**。听上去很简单，可是这样的中心塔窟却大有文章。

说起佛塔，**印度人很早就建设了各种各样的佛塔**，塔里安放着高僧的舍利子，还供奉了各种宝物。虔诚的信徒们沿着塔按顺时针方向，依次转动，就好比钟表的指针一样，以表达对佛陀和各位尊师的敬意。毫无疑问，这样的礼拜方式也被带到了敦煌。和印度人不同的是，在佛教传来之前，中国人就解决了木制高层建筑的问题。比如**军事上使用的瞭望塔楼，道士们修仙用的高塔**等等。同时，**西方的哥特式教堂**也是这样高高的塔楼，看来，无论东方、西方，人们都把这种"**高耸入云**"的建**筑**，想象成与天国世界沟通连接的通道。

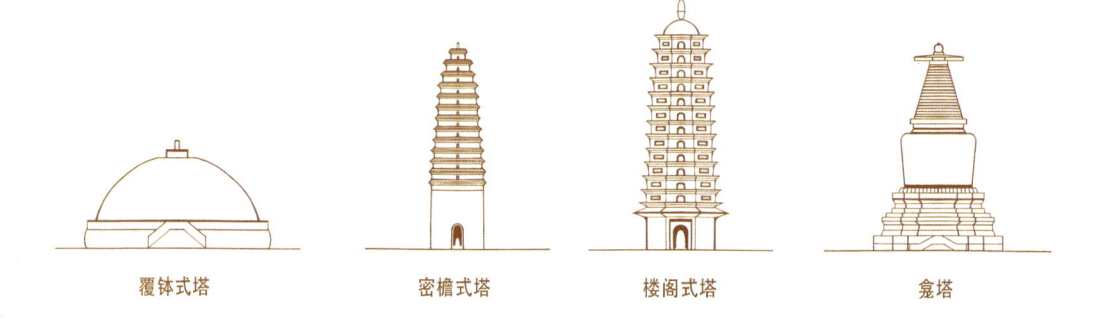

| 覆钵式塔 | 密檐式塔 | 楼阁式塔 | 龛塔 |

也许，"通天塔"这词就是这么来的。

可是现在，人们要在洞窟里造佛塔，是看不到塔顶的。**如何才能把一个柱子自圆其说地变成佛塔，又能"高耸入云"**，这让古代的设计师们操碎了心。

在莫高窟第302窟，**塔顶**的位置塑造了传说中**宇宙中心的须弥山**，以超越时空的手法重新塑造了一个多维的宇宙空间。巨大的伞盖和彩帆组成的幔帐从天而降，须弥山的造型罩住了塔顶，这样从逻辑和视觉上：

承重的柱子 = 高耸入云的佛塔。我们不得不为这些洞窟的设计师松了一口气，他们终于与这根柱子和解了！

须弥山形中心塔柱　仿莫高窟第302窟绘制

让洞窟设计师耿耿于怀的显然不只是塔柱，**中原的工匠们一直惦记着中原地区豪华的宫殿与庙宇**。在他们心中，建筑不只是为了遮风挡雨，更是承载着与神明对话的期待和憧憬。那么，在敦煌这个庄严神圣的地方，洞窟圆拱的顶部即使画满了各种神仙飞天，也缺少了中原才有的气派。神佛们怎么能住在如此"简陋"的洞穴里呢？

于是，他们迫不及待地修改了**印度流传而来的拱顶**，改造的模板自然是中原人眼中最华丽的宫殿；于是，**人字坡屋顶**出现了。这种做法虽然不如拱形弧顶坚固，却也阻挡不了中原人的执着。从此，那些洞窟就不再是印度式的或者西域式的了。

因为，这个洞窟属于中国。

当然，洞窟设计师的巧思，还没有停止。我们来看看这段文字：

青青子衿，悠悠我心。纵我不往，子宁不嗣音？
青青子佩，悠悠我思。纵我不往，子宁不来？
挑兮达兮，在城阙兮。一日不见，如三月兮。

莫高窟人字坡顶的佛窟图示

这是一首先秦（公元前11世纪—前6世纪）时期的情诗，描述了一个小姑娘站在城楼上，盼望心目中的白马王子的故事。这里有一个词语：城阙。城阙是指城楼上的高阙，也就是瞭望台。印度人、大月氏人或者犍陀罗地区的希腊工匠，他们并不知道什么是**城阙**。

但我们的洞窟设计者们坚定地认为，那些诸佛菩萨所住的宫殿像皇帝的宫殿一样辉煌壮丽，这样的地方没有**阙楼**是不成体统的。

人字坡顶　中原地区建筑特点

工匠为神佛们建造的画满华丽纹饰的宫殿

于是，**长着希腊天神一样美貌的菩萨，穿着轻薄华丽的印度长袍，住着中国式的宫殿。**离奇景象就这样毫无违和感地成为了世界上绝无仅有的**敦煌艺术**。

它不属于希腊文化，不属于印度文化，不属于伊斯兰文化，它属于**整个世界**。

文化自信不是唯我独尊的排斥与对抗，不是狭隘的回避与故步自封，而是一种积极的与一切优秀民族艺术交流融合的**大国胸怀**。**中国展示了一个文化上高度自信的民族该有的样子**，只有充分的自信才会带来这样精彩的融合与发展，为佛教艺术的传播书写了浓浓的**中国笔墨**。

How are the cave buildings in Dunhuang Mogao Grottoes classfied?

敦煌莫高窟
有哪些
洞窟建筑的分类?

莫高窟的洞窟按区域分为南北两区。南区 492 个洞窟，窟内绘、塑佛像及佛典内容，为佛徒修行、观像、礼拜处所。北区 243 个洞窟主要是僧人和工匠的居住地，内有修行和生活设施土炕坑、烟道、壁龛、灯台等，但多无彩塑和壁画。

因为莫高窟洞窟的分类较复杂，且具有争议，所以我们仅罗列出一些常见的洞窟，供大家参考。

- 毗诃罗窟
- 影窟
- 大佛窟
- 七佛窟
- 涅槃窟
- 覆斗顶形窟
- 中心塔柱窟
- 中心佛坛窟

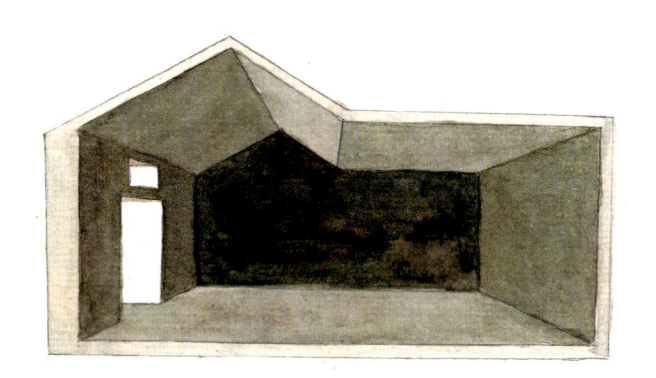

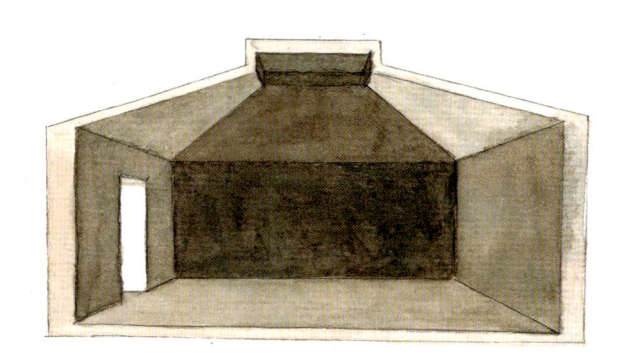

各种窟形图示

毗诃罗窟

在古印度，禅窟被称为毗诃罗窟，是供僧人生活起居的洞窟。莫高窟现存僧房窟大多分布于北区，计有64个。南区仅存两窟（第488、489窟）。

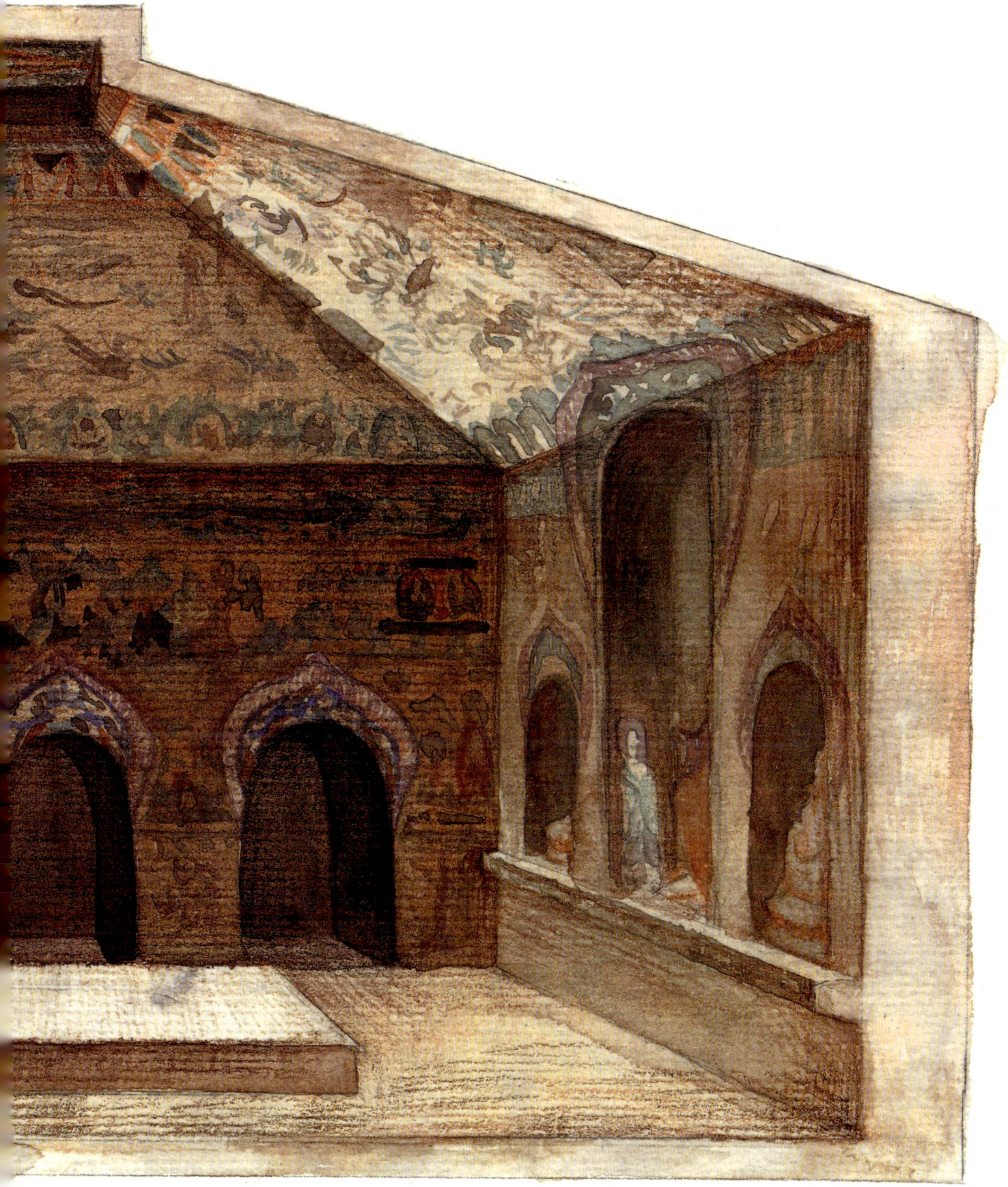

影窟

影窟亦称影堂。指绘塑高僧真容的纪念性洞窟,有的影窟原为该僧生前修禅行的禅窟。

大佛窟

大佛窟又称大像窟。洞窟内凿、塑巨大的弥勒佛坐像而得名。敦煌石窟的大像窟仅三处，即莫高窟初唐第96窟（大像高达33米）和盛唐第130窟（大像高26米），榆林窟唐代第6窟（大像在20米以上）。

七佛窟

西魏第285窟，其文字资料较少，只能找到这一个案例，窟中有7座并列的佛像而得名。

BEAUTY OF ART

涅槃窟

涅槃是佛教的核心概念，是指佛教修行的最高成果。在佛教的传播发展过程中，"涅槃"逐渐被注入了更多复杂的哲学意蕴。该洞窟形制对于莫高窟中的佛教内容来说必不可少，其典型代表是莫高窟第148窟。

BEAUTY OF ART

61

覆斗顶形窟

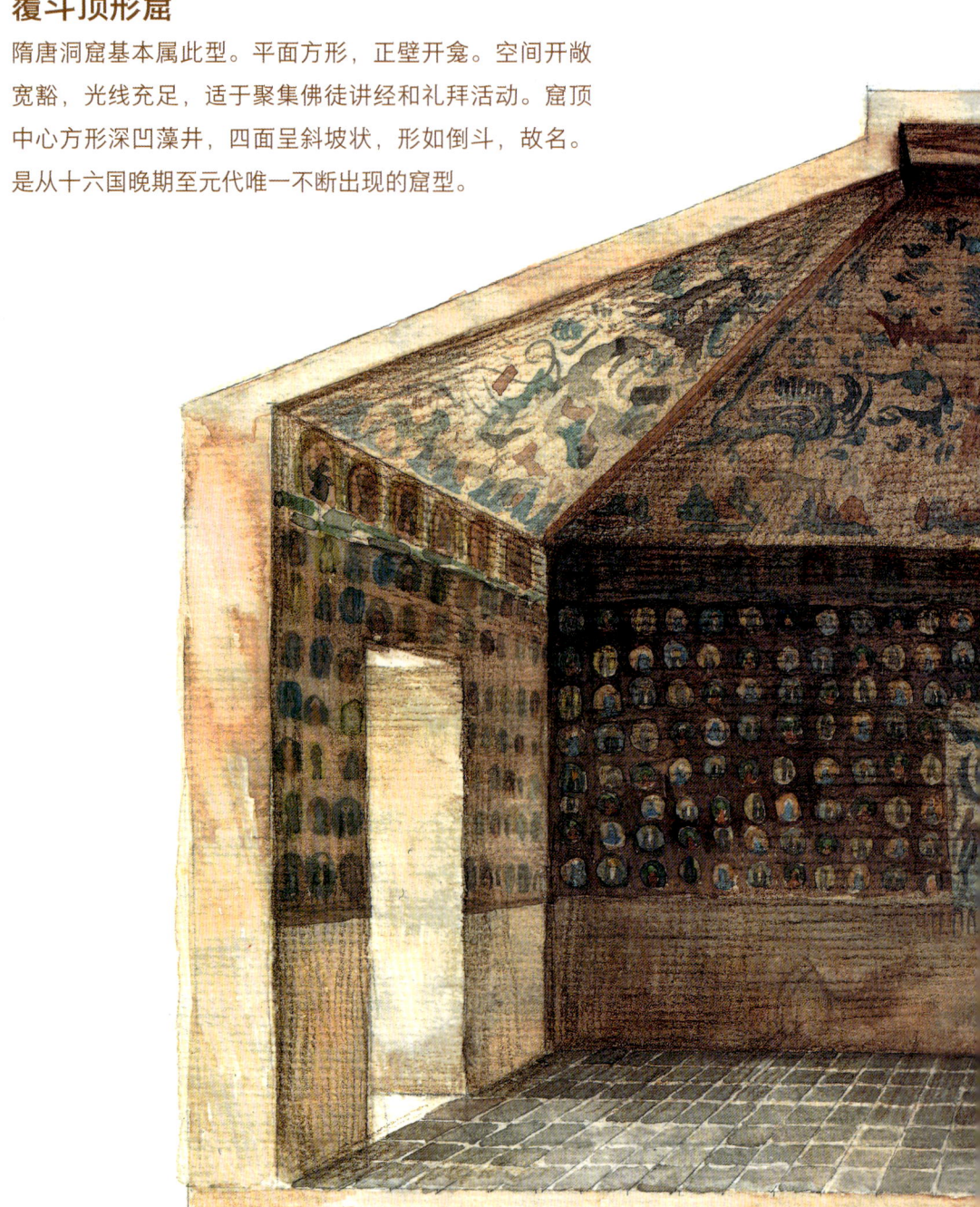

隋唐洞窟基本属此型。平面方形，正壁开龛。空间开敞宽豁，光线充足，适于聚集佛徒讲经和礼拜活动。窟顶中心方形深凹藻井，四面呈斜坡状，形如倒斗，故名。是从十六国晚期至元代唯一不断出现的窟型。

BEAUTY OF ART

63

中心塔柱窟

中心塔柱窟别称中心方柱窟、中心柱窟、塔庙窟。此类洞窟由印度支提窟发展变化而成,在新疆地区、中原北方地区、南方地区、西藏地区的许多石窟寺中均有此类窟型。

BEAUTY OF ART

中心佛坛窟

中心佛坛窟又称殿堂窟、佛殿窟。为五代、宋的代表窟型。平面方形，覆斗顶，窟顶四角常有稍凹进之弧面，画四大天王。窟中心稍后砌佛坛，上塑菩萨像，坛四周与四壁之间保持距离，可作通道。坛前有阶陛，坛后沿有宽4米以上、厚约1米的背屏，直接窟顶的背屏。莫高窟第98、100、108、61、55等大、中型洞窟均属此。

（无背屏式）

（背屏式）

九层塔也称九层楼、大佛殿
仿莫高窟初唐第 96 窟绘制

说起莫高窟的标志性建筑，**九层塔**是毫无争议的。

这座雄伟壮观的九层楼阁，完全是中国式的华美宫殿的样式，高45米，依山崖而建，位于莫高窟石窟群的正中。它前后经历了几次重建，从最初只有两层，一直到民国时期改建成了九层。而我们现在看到的红色飞檐的雄伟建筑，是再后来由敦煌研究院重新加固维修的。在这栋九层塔里，居住着敦煌石窟中最大的塑像。

这个洞窟的营造和建成，是**莫高窟历史上的伟大创举，也是唐代国家强盛，社会稳定和经济繁荣的象征。**

2
雕塑之美
大力量和小气韵

Charm of the Sculptures
Combination of Stateliness and Exquisiteness

The bigger, the more impressive?

{ 越是巨大，
越是震撼吗？ }

BEAUTY OF ART

DISCOVER THE SPLENDORS OF DUNHUANG

九层塔中的大佛

如果要你选出世界上著名的雕塑，卢浮宫镇馆之宝——**胜利女神像**一定榜上有名。这件大理石人像虽然已经残破，但她神圣的身躯与张开的巨大翅膀中，隐藏着可以战胜一切的力量。你看，希腊人总是把神塑造得比真实的人类高大许多，才会让人们信服和崇拜。

在敦煌莫高窟，最大的洞窟里也居住着**最大的佛像雕塑**。这座总高34米的巨大佛像，就在我们前面说到的九层塔里，建于公元695年，据说是唐朝女皇武则天登基前建造的。他陪伴我们已经一千多年了，他俯瞰着众生，用温柔的眼神慰藉着每一个仰望他的灵魂。

如果你有幸站在这尊大佛脚下，可以闭上眼好好感受，想象自己悬浮在遥远的太空，站在浩瀚的星系当中，去感受**寂静中蕴含的强大能量**。一千多年前，人们或许就认为，巨大佛像有着巨大的能量，因此才会耗费巨资及无数人力，历经千难万苦去创造这样的巨像。

不过，千万别觉得只有恢宏才能俘获人心。在敦煌遗存的佛像中，我们发现了一座非常小的宋代木质雕像，这尊残存的木雕仅剩原作的40%，但我们依旧看出了他的——气韵。是的，**"气韵"而不是"精美"**。

虽然精致华美确实是一种很好的艺术评判标准，回望古希腊时期的雕像，**巨大的体量，匀称的比例，精巧的骨骼和精雕细琢的花纹**，堪称经典。尽管黑暗的中世纪让这样的艺术手法断层了一千年，但文艺复兴时期，欧洲的艺术家又继续开始了这样**写实**的创作。可见，当时的西方艺术家更以"精美"和"精确"，作为评价艺术品的标准。

莫高窟宋代木质雕像（局部）
刘焱摄于敦煌现场

意大利文艺复兴巨匠达·芬奇，在分析威特鲁威人时总结出人体最完美的结构比例。

再看敦煌莫高窟的这件木雕神像，无论是手臂的粗细长短，还是躯干的比例都遵循着和谐和完美的规律，整个木雕体态均匀，比例协调，骨骼穿插衔接非常精准。中国的默默无闻的工匠，**早于文艺复兴500年**，便已经将完美的人体比例，精准地运用在了雕塑上。

What is more important than precision?

BEAUTY OF ART

{ 比精确更重要的是什么? }

莫高窟宋代木质雕像（局部）
刘焱摄于敦煌现场

莫高窟宋代木质雕像（局部）
刘焱摄于敦煌现场

比精确更重要的是什么？是这尊木雕被赋予的东方节奏和韵律，是中国美学原则——《谢赫六法》中讲到的"**气韵生动**"。听起来有点高深，其实，在中国武学的高境界中就有种状态叫做"**呆若木鸡**"；在中国道家修行的高境界中也有一种状态叫做"**形同枯槁**"。

这两个词在今天虽然有些"贬义"，但却是东方精神更深邃的层面，是**武学和修行上的至高境界**。这尊北宋时期的八臂菩萨，没有希腊女神的巨大体量和S形的站姿，没有任何花哨的动作和精雕细琢的装饰，却能**掠取人心**。

可能你还是觉得有些高深，那么我们再讲浅显一点。与希腊的那些被反复修改打磨的大理石神像不同，这尊木雕在雕刻过程中是**随意而轻松的**。松弛的刀法反映出了作者极高的修为与技巧，这种没有"精雕细琢"的作品，反而存储了雕刻者更多的自信、果敢和激情。

他像一位飘逸的剑客，以疾驰如风的刀法，在手起刀落的瞬间，一尊佛像屹立眼前。整个神像轻盈得仿佛要飞起，背后残存的八只手臂像巨大的天使的翅膀，菩萨面容中的温柔和慈悲就在此刻降临在观看者的眼前。而这一切，不过来自**一根枯黄的黄杨木和一位中国古代默默无闻的工匠**。

原来早在北宋，我们的美学标准已不再是光滑如皮肤般的大理石质感，人们已经探寻到更深的意义与趣味。在很长的时间内，西方人未必能看懂我们在书法中的旋转和枯笔、看懂**东方美学中更深邃的部分**。

当然，这只是其中一件木雕。敦煌洞窟现存的2400多尊雕塑，大多数则是另一种做法。

步骤一：骨架
红柳木条、麻绳

步骤二：扎芯
芨芨草

步骤三：大泥
麦草

步骤四：细泥
棉花

步骤五：敷彩
矿物颜料

3
壁画之美
绚丽的时光缎带

**Glamor of the Murals
Splendid Ribbons of Time**

So, what are the colors of Dunhuang like?

{ 那么，
敦煌的色彩
是怎样的呢？ }

敦煌石窟被誉为**沙漠中的美术馆**。当人们徜徉在这个艺术殿堂时,往往被它那**精美、绚丽**的壁画所倾倒。

要知道,在1000多年间,无数不知名的工匠,点着微弱的灯光,靠时间和信仰一笔一画造就了这震惊世人的盛景。也许很多工匠的一生,甚至几代人,都是为了绘制这些壁画。

它像一条画满锦绣的时光缎带,承载了这一千年来的故事,惊艳了全世界。

很多艺术家汲取了敦煌的元素和色彩,创作出了新的艺术。

我们简单地为大家做了几张**敦煌壁画色卡**,但愿你也能从中汲取到灵感,创作出更惊艳的作品。当然,现存壁画的色彩与初绘时不一样,色彩、构图、造型等都发生了很大变化。

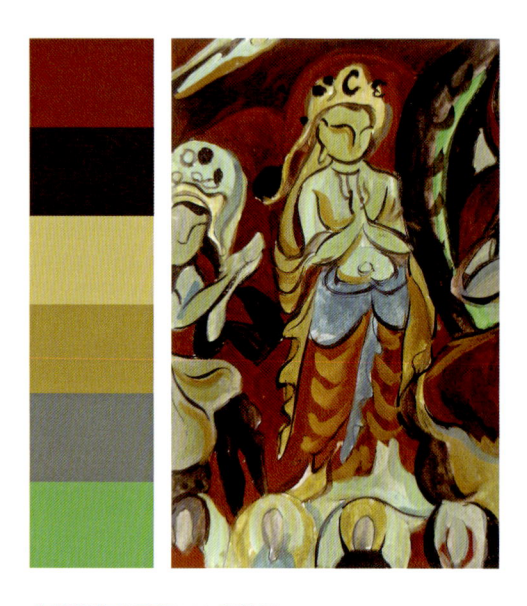

仿莫高窟北周第 428 窟绘制

仿莫高窟北周第 428 窟绘制

仿莫高窟中唐第 112 窟绘制

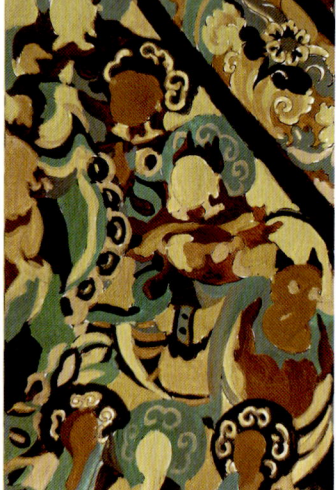

仿莫高窟唐朝壁画绘制

BEAUTY OF ART

What makes Dunhuang murals change all the time?

{ 是什么
让敦煌的壁画
一直在改变？ }

乘象入胎　仿莫高窟北魏第 431 窟绘制 　　　　　　萨埵太子舍身饲虎　仿莫高窟北魏第 254 窟绘制

是什么让敦煌壁画一直在改变？**是文化、艺术的交融和推进。**

前面我们讲到，佛教从印度传来，早期的壁画都留下了**印度和西域的影子**。比如你在莫高窟看到一些**土红色**打底的壁画，那这里多半是早期的洞窟。

老子在《道德经》中说**"五色令人目盲"**。其实，古代中国人并不喜欢这种强烈的色彩。如：第431窟乘象入胎缤纷缭乱的颜色使人丧失分辨色彩和品味色彩的能力，如同盲人一般。你看印度人至今，也依然喜欢这种浓烈的色彩呢。

还有这幅第254窟的萨埵太子舍身饲虎，虽然不是土红底色，却也是早期（北魏）的壁画。

中国人并不太喜欢拥挤的画面，反而喜欢**适当的留白**。但印度早期的壁画中却有很多非常拥挤的构图。

如果你想体会这种西域特有的浓郁，去一趟印度，或者至少去敦煌的沙州夜市看看。这个夜市在一千年前应该比现在更热闹。那些九死一生的旅人穿越了死亡荒漠来到这里，并在贸易中赚取了大量的财富，那种"大难不死必有后福"的狂欢，**像极了早期洞窟里绚丽缤纷的色彩和拥挤的人潮。**

不仅是色彩和构图，造型上也有很多"印度元素"。 在东千佛洞看到的这尊树下休息的菩萨，**身姿的造型**与遥远的印度阿旃陀石窟同样优美。当然，我们的菩萨略显清瘦，当时的工匠不仅吸收了印度佛像的造型与动作，更将那个时代的美感融入进了壁画当中，使之成为独一无二的敦煌风格。

当然，除了这些明显的印度风格，还有来自**伊斯兰的文化**。他们和早期佛教一样，认为不要用一个具象的形象来表达神，他们对不设圣象的规定执行得非常严格。

东千佛洞树下休息的菩萨与遥远的印度阿旃陀石窟佛像对比图

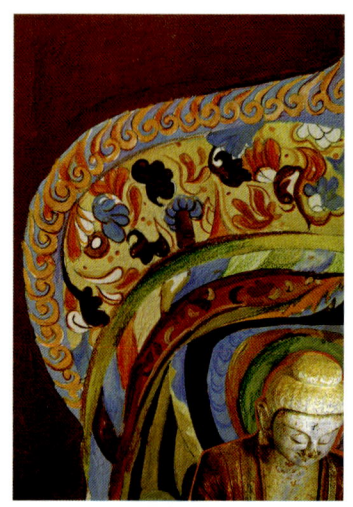

伊斯兰文化特征的纹样　　　　被各种风格纹样包围的佛像图示

至今你去全世界任何一个清真寺，都只能看到这些抽象的图案。没有神像，没有飞翔的鸟类，也没有浑身肌肉的武士或者穿着薄纱的仙女，这样的建筑也非常好看。这些明显带有伊斯兰文化特征的纹样，也跟随着西域的商队来到了敦煌，就那样毫无违和感地盘绕在有着希腊脸庞，印度身姿的菩萨身边。

还有敦煌图案中的精华——"**藻井**"，这是佛教建筑中最高，而且位于最中央的一部分（右页图，红色部分）。用一句通俗的话来讲，就是"极乐世界的天花板"。也被各种伊斯兰文化特征的纹样填充，且绘制得十分精致。而藻井原本是中国古代，呈穹隆状的木制建筑的天花。

这是凝固于时空之中世界文化的锦绣，是中国的美学在与伊斯兰文化、希腊文化、印度文化进行融合后绽放出的人类文明最惊艳的绝响。

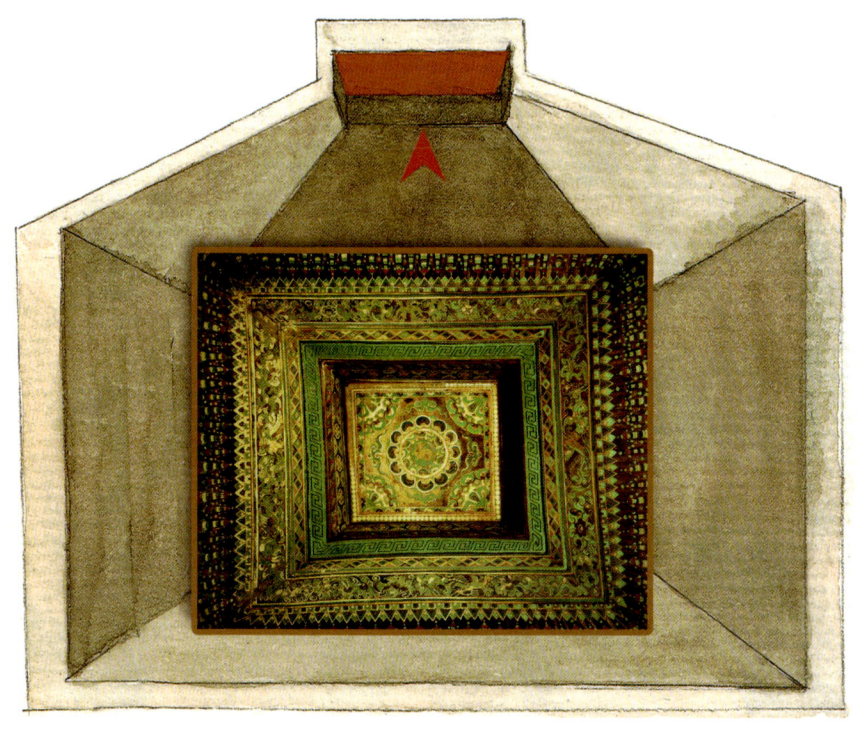

藻井位置示意图

到目前为止，敦煌的壁画是**人类古代遗迹中发现数量规模最大的壁画群**。

官方说法是："敦煌壁画总面积5万多平方米，包括敦煌莫高窟、西千佛洞、安西榆林窟等522个石窟历代壁画。"其实，这只是我们肉眼可见的部分，还有相当一部分壁画**隐藏在表层的壁画之下呢**。

What does it mean to be "hidden beneath the surface murals"?

{ "隐藏在表层壁画下"是什么意思？ }

仿莫高窟唐朝反弹琵琶飞天绘制

我们讲个故事来回答这个问题。2500年前，佛陀经常跟他的学生们讨论**佛国世界的样子**。后来，敦煌的画工们也按照经文中的描述，尽己所能地描绘"天国"，这便是敦煌最具震撼力的画作：**经变画**。就像我们小时候的看图写话。画工们会在不经意间，将他自己生活的元素作为**创作的素材**，比如建筑、服饰、乐器、歌舞、鸟兽等等。

在长达一千年的开凿运动中，**不同时代的工匠**陆续来到敦煌。当他们发现早期的壁画看上去陈旧或不符合审美时，便会在原来的壁画上涂一层泥巴，然后画上新的作品。于是每一个时代的画师笔下的天国都具有了那个时代的痕迹。就这样**一代一代地重叠**，很多壁画下面，都有好几层不同时代的壁画。

试想一下，就我们目前看到的敦煌的这一小部分，已经让世界震惊和兴奋。可是，当科技可以随意透视土层时，我们就得到了延续一千多年的图画档案。只需要断定壁画的年代，就可以看到那个时代的场景。**如果你透过希腊的土层向下探视，看到的只有希腊；如果你透过埃及的土层向下探视，看到的只有埃及。但如果你在敦煌的壁画中向下探视，能看到整个世界一千多年来，对古代中国的潜心记录和对美的极致表达。**

敦煌一直在大漠里等着你去揭开神秘的面纱，等着你去探寻那个美妙壮丽的天国世界。

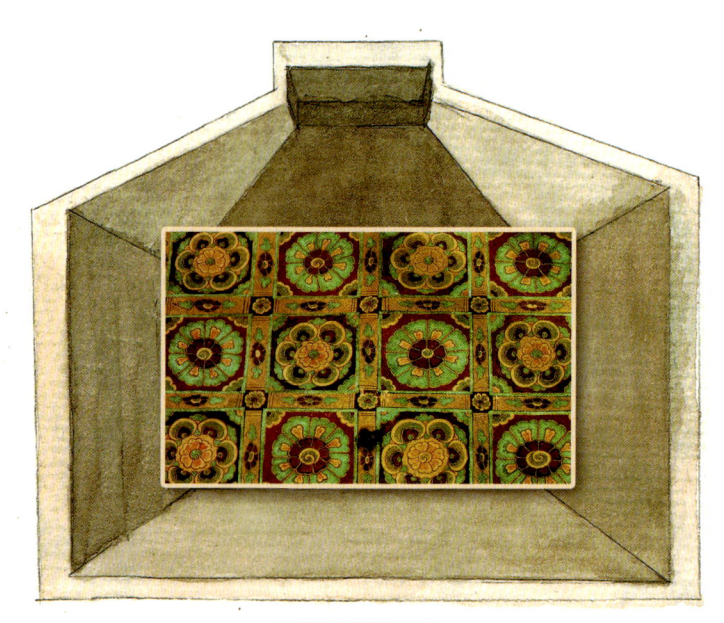

佛窟里的壁画示意图

What are the classification of Dunhuang murals?

敦煌壁画的分类有哪些?

敦煌壁画分类：

佛像画

作为宗教艺术来说，佛像画是壁画的主要部分，其中包括各种佛像、菩萨、天龙八部等，这些佛像大都画在说法图中。仅莫高窟壁画中的说法图就有933幅，各种神态各异的佛像12208身。

说法图　仿莫高窟初唐第322窟绘制

经变画

利用绘画、文学等艺术形式，通俗易懂地表现深奥的佛教经典称之为"经变"。用绘画的手法表现经典内容者叫"变相"，即经变画，也是敦煌壁画中的重点。

观无量寿经变　仿莫高窟中唐第112窟绘制

人像画

供养人，就是信仰佛教出资建造石窟的人。他们为了表示虔诚信佛，留名后世，在开窟造像时，在窟内画上自己和家族、亲眷和奴婢等人的肖像，这些肖像，称之为供养人画像。

新妇小娘子供养人　仿莫高窟唐朝第98窟绘制

装饰画

丰富多彩的装饰图案画主要是用于石窟建筑装饰,也有桌围、冠服和器物装饰等。装饰花纹随时代而异,千变万化,具有高超的绘画技巧和丰富的想象力。图案画主要有藻井图案、椽间图案、边饰图案等。

窟顶花纹　仿榆林窟西夏第3窟绘制

山水画

敦煌壁画中的山水画遍布石窟,内容丰富,形式多种多样,大多与经变画、故事画融为一体,起陪衬作用。

法华经变之山水画　仿莫高窟第217窟绘制

故事画

为了广泛吸引群众,大力宣传佛经佛法,必须把抽象、深奥的佛教经典史迹用通俗的、简洁的、形象的形式灌输给群众,感召他们,使之笃信朝拜。于是,在洞窟内绘制了大量的故事画,让群众在看的过程中,受到潜移默化的教育。故事画内容丰富,情节动人,生活气息浓郁,具有诱人的魅力。主要可分为3类:

1.佛传故事:主要宣扬释迦牟尼的生平事迹,"乘象入胎"等。

夜半逾城　仿莫高窟初唐第329窟绘制

2. 本生故事画：是指描绘释迦牟尼生前的各种善行，宣传"因果报应""苦修行善"的生动故事。也是敦煌早期壁画中广泛流行的题材，如"萨埵太子舍身饲虎""尸毗王割肉救鸽""九色鹿舍己救人""须阇提割肉奉亲"等。

九色鹿　仿莫高窟北魏第257窟绘制

九色鹿的故事：

这是敦煌壁画中流传最广的一则故事，后来还拍成了动画片。故事讲述了很久以前，有一头九色神鹿，在树林里休息时，忽然听见有人呼救。原来，一个弄蛇人在采药时不慎落水。九色鹿忙将他驮上岸，弄蛇人感恩不尽。九色鹿说："不用报答我，只要别将遇见我的事告诉别人就行。"弄蛇人连连答应，还对天起誓。

谁知，这个国家的王后不知在哪里听说了九色鹿，执意要取鹿皮做衣裳。国王便张贴布告：捕到九色鹿者给予重赏。弄蛇人见利忘义，向国王告密，并设计将九色鹿引入包围圈。当守候的武士正准备万箭齐发时，九色鹿浑身发出神光，利箭都被化为灰烬。九色鹿向国王揭露弄蛇人忘恩负义的丑恶行为，它安详的神态和神圣的威慑力把弄蛇人吓得胆战心惊，连连后退，最后跌进深潭淹死。恶人终究得到应有的惩罚。国王见状，下令王国所有人再也不得猎杀九色鹿。从此，九色鹿在这个树林里过着无忧无虑的生活。

3. 因缘故事画：这是佛门弟子、善男信女和释迦牟尼度化众生的故事。"五百强盗成佛""沙弥守戒自杀""善友太子入海取宝"等。

五百强盗成佛　仿莫高窟西魏第285窟绘制

仿莫高窟唐朝壁画飞天绘制

除此之外，莫高窟的众多壁画里，出镜率最高的形象，莫过于凌空起舞、姿态万千的飞天仙子了。

据说整个莫高窟有4500多身飞天，他们"天衣飞扬，满壁风动"，堪称颜值担当。

"飞天"其实是两位天神"乾闼(qiántà)婆"和"紧那罗"的合体。他们是一对非常恩爱的神仙小夫妻，负责在天宫献花供宝，演奏乐器，载歌载舞，给大家带来喜庆祥和。然而，祖籍印度的"飞天"，原本长相有点狰狞。传到敦煌之后，集印度佛教、中国道教、西域和中原文化于一身后，才成为现在的样子。她凭借飞舞的彩带凌空翱翔……**她是中国艺术史上的杰作，更是世界美术史上的奇迹。**

敦煌的壁画真是太多了！我们故意没在本书给大家讲太多壁画故事，是因为这些故事很多地方都能查到。甚至你从小到大，就在某些地方听说过。或者是有一天，你到敦煌，导游会带你进入洞窟，讲述这些故事。**当你真正站在这些艺术瑰宝的面前，你才能发自内心地体会到，它究竟有多美。**

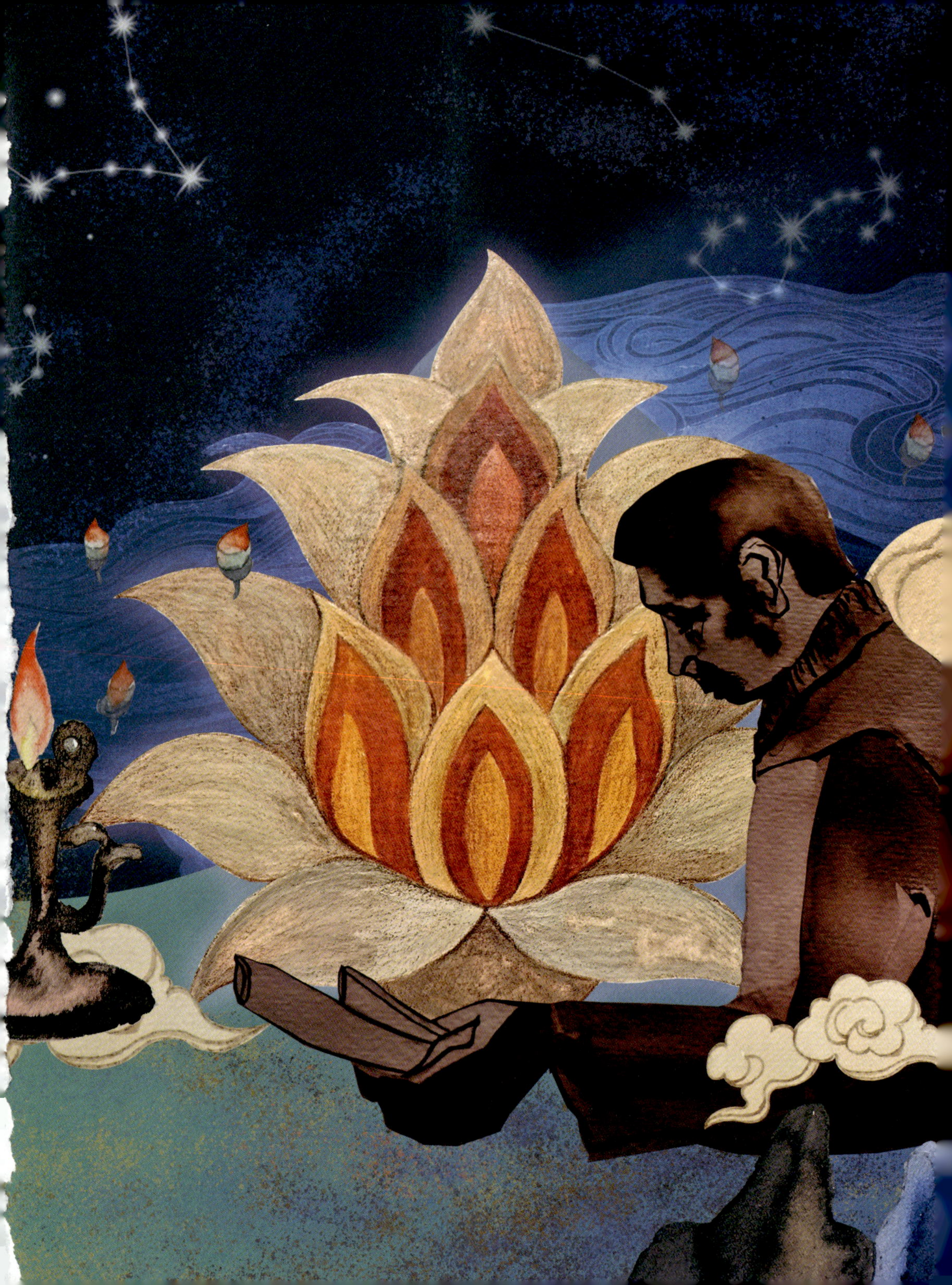

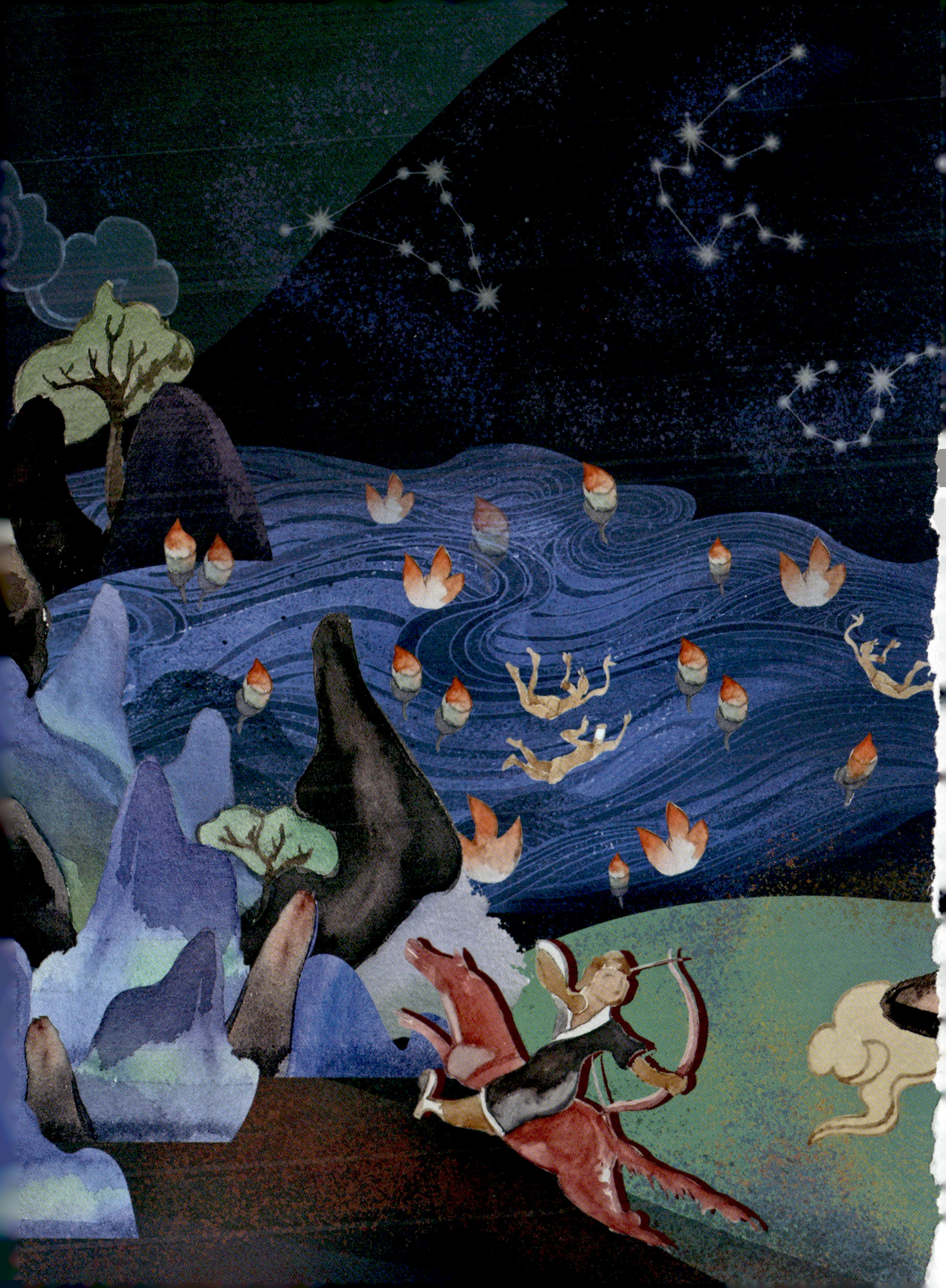

消逝之美

Vanishing Marvels

最早的佛经
The Earliest Buddhist Scriptures

震惊世界的藏经洞
World-Stunning Sutra Cave

藏经洞里的宝藏和谜团
Treasure and Mystery in Sutra Cave

吾国之伤心史
The Miserable History of Our Country

美的消逝
Vanishing Marvels

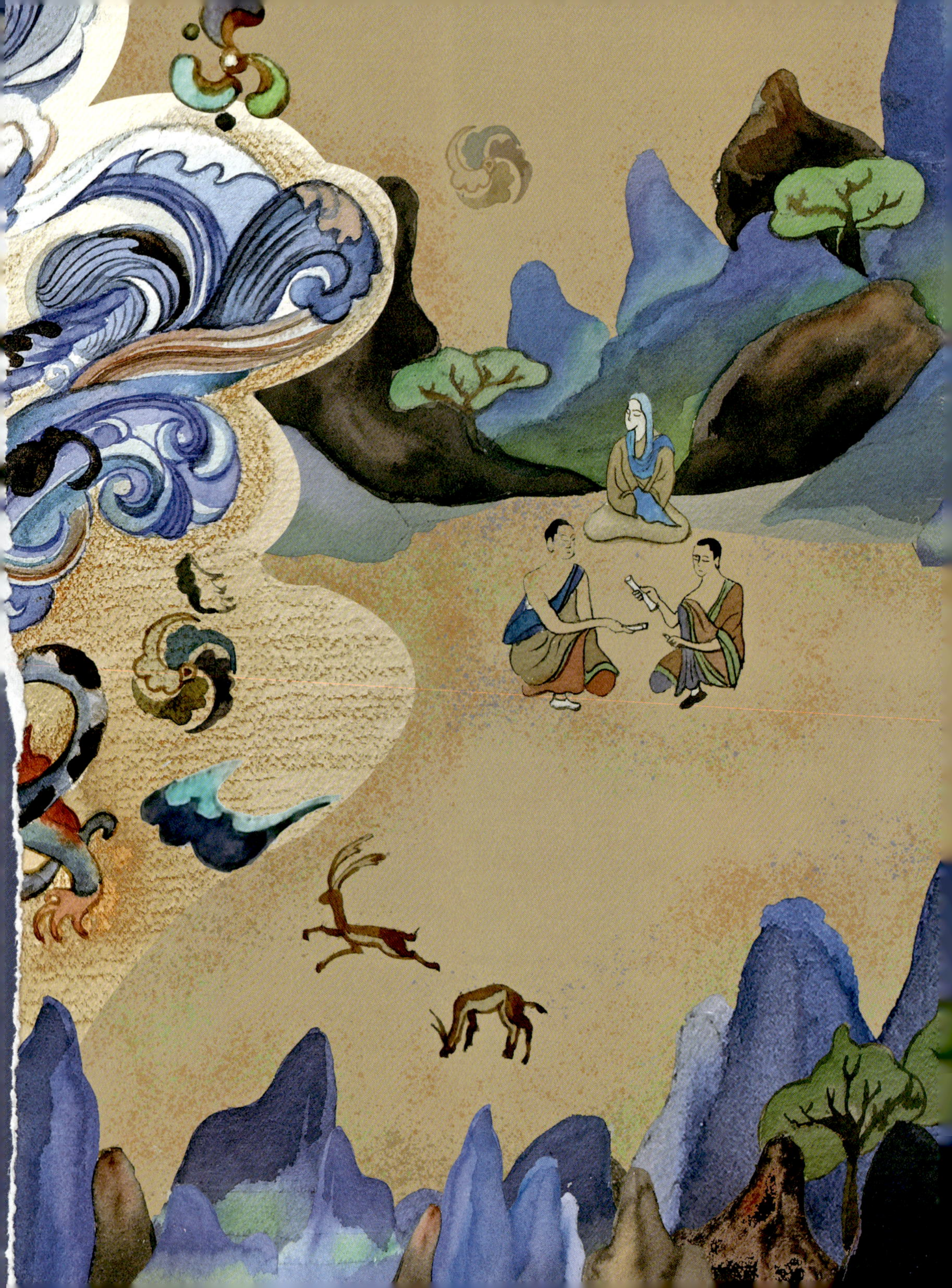

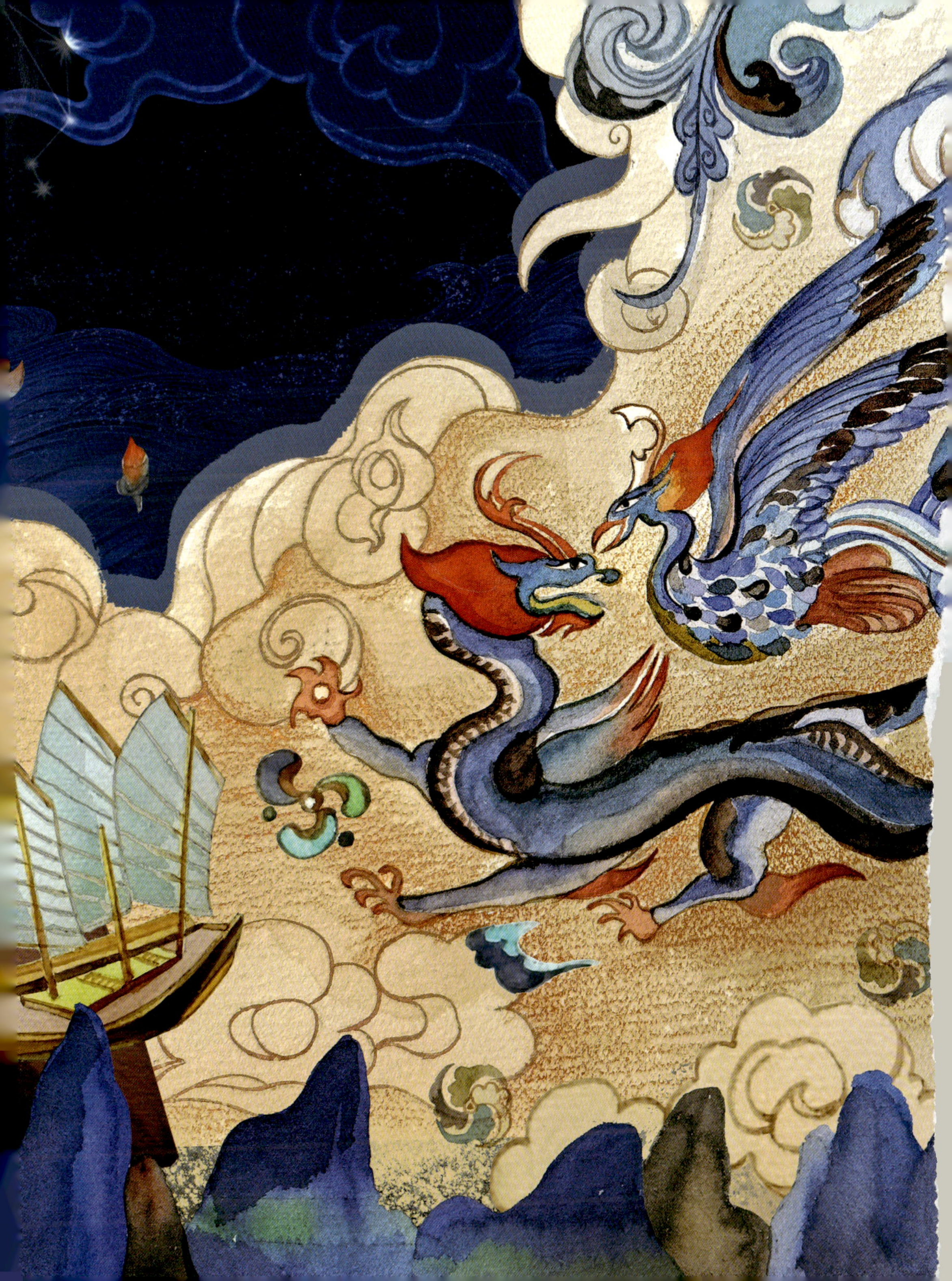

1 最早的佛经 The Earliest Buddhist Scriptures

2 震惊世界的藏经洞 World-Stunning Sutra Cave

3 藏经洞里的宝藏和谜团 Treasure and Mystery in Sutra Cave

4 吾国之伤心史 The Miserable History of Our Country

5 美的消逝 Vanishing Marvels

那些优美的壁画，在风沙与盐碱侵蚀下，慢慢剥蚀当年的旖旎。有专家预估，未来50年到100年内，莫高窟或将湮没于黄沙之中。人类没有办法改变大自然，无法阻止敦煌的消亡。终有一天，人们只能在博物馆的复刻窟里，追忆敦煌石窟千年时光中堆积的传奇。

1 最早的佛经
The Earliest Buddhist Scriptures

Who wrote the sutras?

{ 佛经是谁写的呢? }

2500年前的一个夜晚，印度王子**悉达多**放弃了王位，放弃了财富与荣耀，告别了父母和妻小，离开了他的王宫，成为一名修行者。他坐在菩提树下，开始深刻地思考那些困扰着人类的哲学问题：**"我们从何而来？我们向何处去？"**

许多印度的宗教学者纷纷前来，大家都围坐在树下，围坐在悉达多身旁。在不断的辩论和推理中，大家臣服于悉达多的观点，并拜他为师，还尊称他为**"觉悟者"**。这个词在中文的翻译中被称为**"佛陀"**，而他们的讨论过程被虔诚的弟子记录下来，就成了后世大家所看到的**佛经**。

世界上现存最早，有纪年的雕版印刷书籍是**《金刚般若波罗蜜经》**（*Diamond Sutra*）。这部佛经于唐代咸通九年（公元868年）被制作完成，它**曾经保存于敦煌莫高窟藏经洞里，现存于英国国家图书馆。**

2 震惊世界的藏经洞
World-Stunning Sutra Cave

Why were the Mogao Grottoes buried by sand?

莫高窟为什么被黄沙淹没了?

王圆箓来到莫高窟　仿王道士照片绘制

历史是件复杂的事。**丝绸之路并不是一直畅通的**，它随时会因为受到各种影响而关闭。比如在贸易的两端存在着两个实力相当的大帝国，对过往的贸易苛以重税；比如这漫长的商道上任何一个节点爆发战争；比如土匪猖獗，做生意的人无法通行；比如因为气候问题，在沙漠中维系商队补充淡水的绿洲消失；还比如，大航海时代的兴起，让丝绸之路上的驼队面临消失……一艘海船就能运送数以万计的瓷器、丝绸，何必要用骆驼呢？当这些问题纠缠在一起，这条贸易通道就关闭了。**曾经繁荣的城市也成了荒漠中的废墟**，被黄沙掩埋，敦煌石窟也不能幸免。

一个云游四方的道士——**王圆箓**走到了已被黄沙淹没的莫高窟。他决定留在这里修行。除了要完成清理工作，还要为填饱肚子到处化缘要饭，并且还要攒下一些钱来修缮破损的楼梯和崖壁上的栈道。他徒手扒开黄沙，一点点清理着残破的崖壁，耗费了两年的时间才清理完堵住各个洞口的沙土。

有一天，王道士在清理第16窟时，不小心撞到一面画满壁画的墙，墙后居然发出了"咚咚"的空响声，墙里面竟然是空的！他挖开墙一看，瞬间惊呆了，**这是一个惊天的大秘密啊！** 墙壁后面是个不小的密室。从地面到窟顶，堆满了各种各样的古代文书和绘画。每十件装在一个布袋子里，堆积如山。**这里把消失了一千年的碎片完整地保存了下来。** 这就是后来震动世界的"**敦煌藏经洞**"。

没错，你也许已经猜到，前面提到的金刚经也曾经保存在这里。还好有王道士的好奇心，淹没在大漠中的宝库总算再次呈现在人们面前。

3
藏经洞里的宝藏和谜团
Treasure and Mystery in Sutra Cave

VANISHING MARVELS

What else is there in the Sutra Cave besides treasures like the Diamond Sutra?

{ 藏经洞里
除了有金刚经一样的宝藏，
还有什么？ }

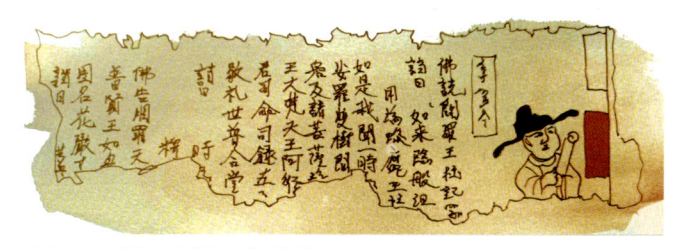

小孩子写的佛经　仿藏经洞藏品绘制

据说，藏经洞中藏满了宝藏，从**公元4世纪到公元14世纪**的历史文本、绢画、刺绣等文物5万多件。这些珍贵文献用汉文和各种少数民族的文字记录，其内容涉及了我国古代生活的各个方面，简直是一个内容丰富的博物馆。研究者称这里为**"敦煌遗书"**，也称为**我国古代生活的"百科全书"**。

这些宝藏被严严实实地封在密室中，封住密室大门的墙面还绘有精致的图案。我们猜想，这里一定是藏了价值连城的宝贝。然而，除了**像金刚经一样的宝藏，藏经洞还有这样一些发现。**
如上图，这是一个十二三岁的小孩子写在一张长条纸张上的佛经，并且附上了自己的自画像。

还有这幅，洞穴顶部装饰用的藻井草图，边上的文字是老师或雇主给绘图者的批注或修改意见。

原来藏经洞里除了金刚经一样的宝藏，还有一些草图和并不出众的书法，甚至还有一些借据和欠条和官兵报销医药费的名录等。

洞穴顶部装饰用的藻井草图
仿藏经洞藏品绘制

Why were the sundries preserved together with "treasures"?

VANISHING MARVELS

{ 生活杂项而已，怎么也和"宝藏"们一样藏在密室里？ }

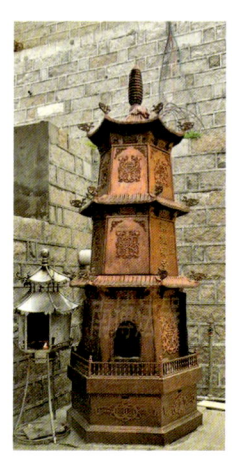

西藏擦康小庙实拍　刘焱摄

让我们来看看藏经洞为什么修建吧！大多数人认为，藏经洞**是北宋归义军**为躲避西夏军队的进攻，隐藏重要的文化遗产和资料而仓皇修建的。可后来又有人发现，藏经洞内大量的文献都晚于这个时期（约1020年—1040年）。如果这样，那密室的修建还有别的原因么？**这又成了一团谜。**

后来，在世代笃信佛教的青藏高原，我们发现一座放置着不少残破经文和佛像的**"擦康"小庙**。原来，佛教徒认为，每一个文字都承载着信息和能量，即使是练习和失败的作品都不能随意丢弃。并且佛像和雕塑也没有画得好坏之分，即便残破也不可以随意处理。人们干脆建一个土坯或者小庙来专门供奉这些残破品。他们会在小庙上绘制精致的彩绘，用最恭敬的态度对待这些残旧的唐卡佛像和一切文字。

那么大胆猜测一下，**藏经洞的修建是不是和西藏的这种情况类似呢？**后来有人推论，这个藏经洞应该建于**西夏统治敦煌的初期。**

西夏人信奉的就是藏传佛教，他们曾大规模地改造莫高窟。很多陈旧的洞窟被涂上泥层重新彩绘；大量陈旧的经幡也被撤换下来。那么专门修建小密室来存放陈旧的佛像和经文，就变得更加顺理成章了。

当然这是我们的推论，关于这个未解之谜，**你的推论又是什么呢？**

4
吾国之伤心史
The Miserable History of Our Country

Why is it said "the miserable history of our country"?

{ 吾国之伤心史，这是怎么回事？ }

关于藏经洞的真实成因是什么,已经很难说清了。恰恰是这些包罗万象的资料,让我们能**更全面地了解中国的历史**。但是,这些文化的瑰宝现在散落在世界的各个角落,成了**吾国之伤心史**。事情要追溯到当年王道士发现藏经洞的时候。他无比兴奋,赶忙将这些宝贝装了两包,赶着骆驼跑了五十里地去官府报告。可县衙的小官显然**没有掂量出这些宝贝的分量**,以为是王道士随便弄来的小孩子的涂鸦和草稿。

王道士只好打道回府。他细心地保护着这些文字与图画,他的心愿是让这些有价值的东西被重视而且有机会被良好地保护下来。终于等到县衙换任。这次的县令汪宗瀚是进士出身,显然看出了这些文物颇有价值,但是苦于**没有经费保护**,只得暂时就地封存。但是这个秘密一下子传遍了整个敦煌,甚至还引来了很多**不怀好意的窥探者**。

王道士看在眼里急在心里,干脆带上两箱经文赶着毛驴一路要饭去肃州,找更大的官员求助。怎料道台大人看了看经文,说了一句:"这卷上的字还不如我的字好。"王道士再次无功而返。可回到敦煌后,他还不死心,竟然提笔给慈禧太后写信,希望政府出资保护这些文物。可结果也石沉大海。

绝世珍宝一箱箱离开敦煌流落异国他乡
仿相关资料照片绘制

四处碰壁的王道士走投无路,眼看着文物就要保不住了。这时,一个自称英国"探险家"的**斯坦因**来到敦煌。他通过地图发现东西方文明的交汇点正是敦煌,并在敦煌城打听到了关于藏经洞的秘密,于是很快便找到了王道士。他虽然是英国人,但也是玄奘大师的崇拜者。他自己正是沿着玄奘大师的足迹,跨越千山万水来到敦煌，将用毕生的心血研究和守护这些文化遗产。最重要的是，他还愿意捐助一些钱来帮助王道士修复寺窟，王道士最终无奈地同意了。这些年清理洞窟、修缮楼梯和栈道耗尽了他所有的积蓄。而他还需要钱继续清理和保护这些洞窟。

1907年6月13日，**十二箱绝世珍宝离开了它们沉睡千年的敦煌，从此流落异国他乡。**这里面就包括我们前面讲到的**金刚经**。

震动世界的考古大发现，掀起了一波关于敦煌的热潮，但并不是保护研究的热潮而是**瓜分和掠夺**的热潮，各国窥视者以各种名义来到敦煌，骗取了一箱箱宝贝。被斯坦因带走的藏于英国的最多最好，被伯希和带走藏于法国者最精最良，藏于俄国者最博最杂，藏于日本者最隐最秘。

那时的中国，处于清政府腐败无能的没落阶段，无人能顾及敦煌的藏经洞。后来，很多人辱骂王道士。可是，在我看来，他绝不是见钱眼开的卖国贼，他也曾为了保护这些文物竭尽全力啊。他的痛心和无奈，不输于任何一个中国人。

只是，无论如何，这依然是**吾国最大的伤心史**。

在藏经洞里翻看珍宝的外国人
仿相关资料照片绘制

DISCOVER THE SPLENDORS OF DUNHUANG

5
美的消逝
Vanishing Marvels

Why are the marvels of Dunhuang vanishing?

{ 敦煌之美
为什么会消逝？ }

敦煌守护者们　仿相关资料照片绘制　　　　　　　敦煌守护者们　仿相关资料照片绘制

敦煌像一颗巨大的磁石，吸引着**一代一代的艺术大师**。张大千、王子云、常书鸿、关山月、段文杰……他们跨越千山万险，沐月迎风、踏沙而来。

而这些艺术家中，常书鸿被称为第一位真正意义上的**"敦煌守护神"**。这位成就非凡的留法艺术家，仅仅是因为在明信片上看见敦煌石窟，便念念不忘。1943年，他终于来到敦煌，讲出了那句**"此生只为守敦煌"**的豪言壮语。在他的带领下，更多的人加入"守护神"行列。没有自来水，没有电，没有热乎乎的饭菜，更没有温暖的被窝……大家风餐露宿，为修复莫高窟而日夜奔忙。经费不足，人员流失，这些都无法动摇大家的决心。他们将生命和青春留在这里，甚至长眠于此，埋骨敦煌。

他们为弘扬敦煌的文化艺术，取得举世瞩目的成就。他们被授予**"时代楷模"**的称号。

正在脱落的澡井壁画　仿莫高窟中唐第154窟绘制

尽管如此，敦煌不可逆的消逝每天都在发生。记住这张图片，10年、20年之后，你再去莫高窟第154窟，藻井的白色的面积会明显扩大，精美的花纹会逐渐脱落。那些优美的壁画，在风沙与盐碱侵蚀下，慢慢剥蚀当年的旖旎。有专家预估，未来50年到100年内，莫高窟或将湮没于黄沙之中。**人类没有办法改变大自然，无法阻止敦煌的消亡。** 终有一天，人们只能在博物馆的复刻窟里，追忆敦煌石窟千年时光中堆积的传奇。

如果没有准备好，千万不要去敦煌。 因为你的每一次呼吸，都会加速它的消亡。让它，多停留一天，也是对后世的贡献。

如今，敦煌莫高窟已焕然一新，数字化展示中心的球幕电影《梦幻佛宫》让游客如身临其境。敦煌，这颗历经千年沧桑的沙漠明珠，正从历史中走来。

让我们一同守护这举世无双的人间宝藏，让敦煌的明天更加荣耀辉煌！

DISCOVER THE SPLENDORS OF DUNHUANG